职业教育"十二五"规划教材
经济管理专业任务驱动、项目导向系列化教材
江苏省示范性高等职业院校优质核心课程建设立项项目

财务软件应用

主　编　陈康奎　陆阿妮
主　审　李从峰

国防工业出版社
·北京·

内 容 简 介

本书以2014年财政部颁布的最新企业会计准则体系为依据,以会计职业能力培养为导向,以用友 ERP - U8.72财务会计系统与人力资源管理系统为蓝本,采用任务驱动、项目导向的设计理念,介绍了使用财务软件处理会计业务的理论和实践方法。本书共分为五个项目,分别介绍了软件初始设置、账务处理、薪资管理、固定资产管理及报表处理等内容。每个项目分模块设计工作任务,采用图文并茂的方式对任务进行分析与讲解,简洁、直观,易于理解掌握。

本书可作为高等职业院校和其他层次职业院校会计及相关专业的教学用书,也可以作为在职人员会计电算化岗位培训教材。

图书在版编目(CIP)数据

财务软件应用 / 陈康奎,陆阿妮主编. —北京:国防工业
出版社,2015.1
经济管理专业任务驱动、项目导向系列化教材
ISBN 978 - 7 - 118 - 09937 - 9

Ⅰ. ①财… Ⅱ. ①陈… ②陆… Ⅲ. ①财务软件—高
等职业教育—教材 Ⅳ. ①F232

中国版本图书馆 CIP 数据核字(2015)第 023165 号

财务软件应用

著 者	陈康奎 陆阿妮	
出 版	北京国防工业出版社	
地址邮编	北京市海淀区紫竹院南路 23 号,100048	
网 址	http://www.ndip.cn	
发 行	国防工业出版社(010 - 88540777 010 - 88540776)	
经 售	新华书店	
印 刷	三河市腾飞印务有限公司	
开 本	787×1092 1/16	
印 张	12	
字 数	274 千字	
版 印 次	2015 年 1 月第 1 版第 1 次印刷	
印 数	1-3000 册	

定 价 28.00 元

前言 | preface

近年来，基于工作过程的项目化教学改革实践表明，财务软件应用课程项目化教学更能针对高等职业教育财会专业学生乐于实践的特点，让学生明确学习目标，提高学习积极性与主动性；整个教学过程围绕会计工作任务展开，完成任务的过程即学习的过程，使学生增强工作意识，有利于培养学生的综合业务素质，让学生在模拟完成会计电算化岗位任务的过程中，掌握财务软件应用知识和技能。

本书以用友 EPR – U8.72（书中简称"用友 U8"）为财务软件应用平台，以模拟单位经济业务及业务处理流程为载体，根据会计电算化典型工作任务及任务分工，并结合财务软件自身的特点设定全书的体系结构，包括"软件初始设置""账务处理""薪资管理""固定资产管理""报表处理"五个项目。每一项目分为若干任务及子任务，按"项目—模块—任务"的结构组织各个项目的教学内容。每项工作任务在教学设计上包括明确任务、知识准备、工作过程与任务练习四个环节。

参加本书编写的人员都是从事财务软件应用教学多年，并富有服务企事业单位会计电算化工作经验的教师，本书是多年探索财务软件应用项目化教学改革之路的经验总结。本书由南京铁道职业技术学院陈康奎和陆阿妮主编，南京铁道职业技术学院李从峰、王娟参加了部分项目的撰写工作，在编写过程中还得到用友股份有限公司南京分公司及南京铁道职业技术学院财会专业建设顾问委员会有关专家的指点，在此表示衷心的感谢。

财务软件应用课程教学改革在不断深入，因此，我们在本书的编写过程中尽管做了很多努力，但缺陷、错漏在所难免，诚请读者对书中不当之处给予批评指正。

编　者

目录 | contents

项目一　软件初始设置

软件初始设置是财务软件应用的开端。每个企业的行业特征、管理要求与核算方法等均不完全相同，财务软件安装后并不产生适用于任何企业管理与核算需要的初始信息，如企业类型、机构人员、客商资料、会计科目等。因此，财务软件安装后，企业将根据自身的具体情况加以初始设置，才能应用于本单位的会计管理与核算。

[项目具体目标]

- 熟悉账套创建与修改；
- 能根据会计人员业务分工增加操作员并分配、修改角色与权限；
- 熟练进行账套基础信息设置；
- 熟练进行系统数据备份与恢复处理；
- 熟练进行基础业务档案与财务档案的创建与管理。

[项目工作过程]

- 新建账套；
- 设置用户与权限；
- 账套备份与恢复；
- 建立基础档案；
- 设置数据权限。

模块一　账套创建与管理

每个独立核算的企业都有一套完整的账簿体系，以便对企业发生的各项经济活动进行核算与监督，以计算机为主要业务处理工具的财务软件系统中同样要有一套完整的账簿体系。存储在计算机系统中的一套完整的账簿体系就称为一个账套。账套是财务软件的基础。

学习目标

1. 熟悉注册软件身份、账套路径、编码方案等创建账套知识；
2. 熟悉用户、角色、权限与权限层次知识；
3. 熟悉年度账创建与结转知识；
4. 能正确新建与管理账套；
5. 能正确进行会计人员角色与权限设置；
6. 能正确、及时进行会计数据的备份与恢复。

工作过程

1. 新建账套；
2. 用户与权限设置；
3. 数据备份与恢复。

任务一　新 建 账 套

新建账套是初始化财务软件的前奏。在应用财务软件前,应将账套的基本信息(如账套名称、单位名称、行业特征、管理要求等)输入系统。新建账套也是实现原手工或原系统的会计核算与管理向新系统过渡,磨合财务软件与企业实际的过程。

一、明确任务

南京钟山机械设备有限公司是一家以离心风机(分 A 型和 B 型两种型号)为主要产品的工业企业,因提升管理水平的需要,已经购买并安装了用友财务软件,并决定于 2013 年 1 月 1 日开始使用该财务软件进行会计核算与管理。该公司为一般纳税人,所得税税率为 25%,已经执行新的会计制度,法人代表为苏长江,开户银行为中国工商银行南京分行,账号为 0681802111999 ,地址为南京市鼓楼区模范马路 1000 号,联系电话为 025 - 86268888,税务登记号为 320106196508236021。目前,公司拥有 15 名员工、4 家客户和 5 家供应商(主要提供甲、乙和丙三种原材料)。

要求:根据上述公司基本情况创建南京钟山机械设备有限公司账套。

二、知识准备

用友财务软件有专门的系统管理模块用于软件的初始化设置,为了保证会计数据的安全性,使用该模块的人员及权限受到严格的限制。财务软件安装后,第一个能进入系统管理模块的用户称为系统管理员,用英文表示为 admin。只有系统管理员 admin 有权建立账套。admin 在整个创建过程中要依次输入账套信息、单位信息、核算类型、基础信息,并确定编码方案和数据精度。

1. 账套信息

主要有账套编号、账套名称、账套路径和启用会计期四项信息。账套编号与账套名称的设置无特别注意之处,只要便于记忆与区分即可。

账套路径是用来保存所建账套信息的物理磁盘路径,类似于 Word 中的文件位置,或 Excel 中的默认工作目录,与 Word 或 Excel 所不同的是,账套路径一经设定则不可修改。一般在不可移动的存储器(如硬盘)中选择或新建一个特定的文件夹作为新建账套的账套路径。

启用会计期则是新建账套将被启用的日期,系统管理模块默认为计算机的系统日期,账套启用后,该日期不可修改,因此初建账套时应谨慎设置。

2. 单位信息

录入单位名称、简称、地址、税号、法人代表等基本信息。其中,单位名称将会自动打印在账簿、报表及发票中,因此必须输入,并且要与工商注册的名称一致,其他信息属于任选项。

3. 核算类型

核算类型信息主要包括本币代码与名称、企业类型、行业性质、账套主管等项目。账套主管负责账套的维护工作,主要包括修改账套、管理年度账、设置财务软件操作权限等,是能够使用系统管理模块的第二个用户,可以无限制使用财务软件的所有功能,由系统管理员从已经存入系统的用户中指定,可以由财务主管兼任。

4. 编码方案

确定部门、客商、会计科目、结算方式等基本核算信息的编码规则,为设置部门、客商、会计科目、结算方式等编码作准备。例如,将会计科目编码级次设为4222,则表明会计科目编码最多可明细到四级。任何编码规则一经使用,在当前会计年度内就不能修改。

5. 数据精度

设置存货数量、单价、换算率、税率等数字的小数位。

账套修改只能由账套主管完成,系统管理员无权修改账套,账套主管也只能修改账套中尚未使用的信息。

三、工作过程

根据明确任务要求创建南京钟山机械设备有限公司账套。

1. 注册系统管理

系统管理模块允许以系统管理员或账套主管两种身份注册进入。

(1)双击桌面系统管理图标,或单击程序菜单中的系统管理命令项,打开系统管理模块主页面,如图1-1-1所示。

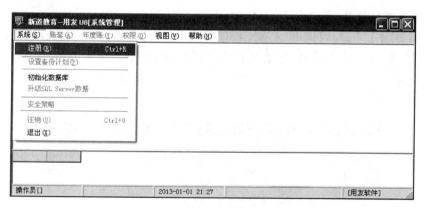

图1-1-1　系统管理模块主页面(1)

(2)执行【系统】|【注册】命令,打开【登录】对话框,操作员在文本框中输入admin,表示以系统管理员的身份登录系统管理模块,如图1-1-2所示。

系统管理员admin无初始密码,为了安全起见,应单击密码文本框右侧的"改密码"选项,在【设置操作员密码】对话框中重新设置系统管理员admin的密码。

(3)单击【账套】列表框按钮,选择【default】后单击【确定】按钮,进入系统管理模块,如图1-1-3所示。

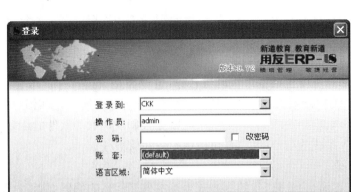

图 1 - 1 - 2　登录窗口

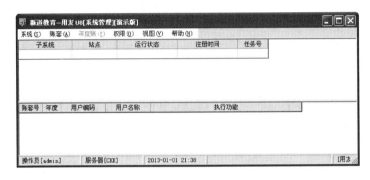

图 1 - 1 - 3　系统管理模块主页面(2)

2. 输入账套信息

执行【账套】|【建立】命令,打开【创建账套】对话框,输入南京钟山机械设备有限公司账套信息:账套号为 001;账套名称为钟山机械;单击右侧的省略号按钮,用【新建文件夹】功能在 D 盘根目录创建文件夹 NData 作为账套路径;会计期间设为 2013 年 1 月,如图 1 - 1 - 4 所示。

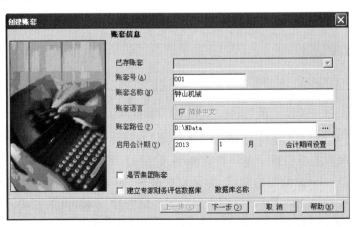

图 1 - 1 - 4　【创建账套】对话框

3. 输入单位信息

单击【下一步】按钮,在【单位信息】页面输入单位名称"南京钟山机械设备有限公司"、单位简称"钟山机械"、法人代表"苏长江"等信息,如图1-1-5所示。

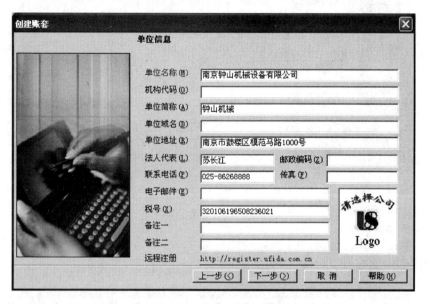

图1-1-5 【单位信息】页面

4. 设置核算类型

单击【下一步】按钮,在【核算类型】页面,根据任务描述设置企业类型为【工业】、行业性质为【2007年新会计制度科目】,并勾选【按行业性质预置科目】选项,以自动产生常用会计科目。账套主管暂时默认为【demo】,如图1-1-6所示。

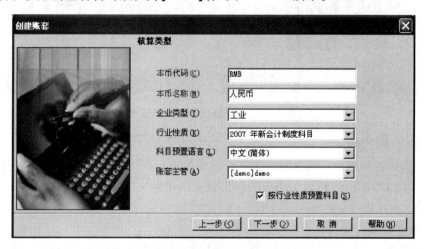

图1-1-6 【核算类型】页面

5. 分类设置

(1)单击【下一步】按钮。虽然公司存货品种并不多、客户与供应商数量并不大,但考虑到发展的需要,这里仍选择存货、客户与供应商进行分类管理。由于公司暂无外币存款,也无外币结算业务,故【有无外币核算】一项不作选择,若以后业务需要,再重新设置。因此,该页取默认设置,如图1-1-7所示。

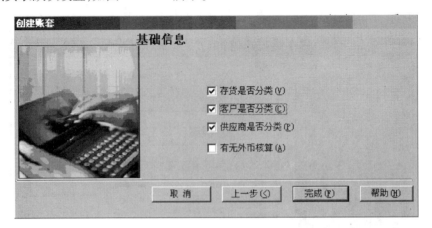

图1-1-7　分类设置页面

(2) 单击【完成】按钮,在【可以创建账套了么】对话框单击【是】按钮,设置编码方案,如图1-1-8所示。

图1-1-8　创建账套提示对话框

6. 确定编码方案

假设南京钟山机械设备有限公司生产成本等项目要求明细到四级核算,则科目编码级次应设为"4222",在"科目编码级次"行、第4级栏输入"2"即可,其他编码方案暂且采用默认值,如图1-1-9所示。

7. 确定数据精度

(1) 依次单击【保存】【取消】按钮,弹出【数据精度】对话框,如图1-1-10所示。

假设核算上要求件数用整数,换算率与税率取3位小数,则将件数小数位设为"0",换算率小数位与税率小数位都设为"3"。

(2) 依次单击【保存】【取消】按钮,弹出【现在进行系统启用设置】对话框,如图1-1-11所示,表明账套创建成功。

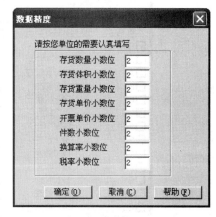

项目	最大级数	最大长度	单级最大长度	第1级	第2级	第3级	第4级	第5级	第6级	第7级	第8级	第9级
科目编码级次	9	15	9		2	2	2					
客户分类编码级次	5	12	9	2	3	4						
供应商分类编码级次	5	12	9	2	3	4						
存货分类编码级次	8	12	9	2	2	2	2	3				
部门编码级次	5	12	9	1	2							
地区分类编码级次	5	12	9	2	3	4						
费用项目分类	5	12	9	1	2							
结算方式编码级次	2	3	3	1	2							
货位编码级次	8	20	9	2	3	4						
收发类别编码级次	3	5	5	1	1	1						
项目设备	8	30	9	2	2							

确定(0)　取消(C)　帮助(F)

图 1-1-9　【编码方案】对话框

数据精度

请按您单位的需要认真填写

存货数量小数位　2
存货体积小数位　2
存货重量小数位　2
存货单价小数位　2
开票单价小数位　2
件数小数位　2
换算率小数位　2
税率小数位　2

确定(0)　取消(C)　帮助(F)

图 1-1-10　【数据精度】对话框

创建账套

钟山机械:[001]建立成功。您可以现在进行系统启用的设置,或以后从[企业门户_基础信息]进入[系统启用]功能。

现在进行系统启用的设置?

是(Y)　否(N)

图 1-1-11　【现在进行系统启用设置】对话框

8. 系统启用

（1）单击【现在进行系统启用设置】对话框中的【是】按钮,弹出【系统启用】对话框,从中找到【GL】,如图 1-1-12 所示。

系统启用

ALL 全启　刷新　退出

[001]钟山机械账套启用会计期间2013年1月

系统编码	系统名称	启用会计期间	启用自然日期	启用人
GL	总账			
AR	应收款管理			
AP	应付款管理			
FA	固定资产			
NE	网上报销			
NB	网上银行			
WH	报账中心			
SC	出纳管理			
CA	成本管理			
PM	项目管理			
BM	预算管理			
FM	资金管理			
CS	客户关系管理			

图 1-1-12　【系统启用】对话框(1)

（2）勾选【GL】选项，弹出【日历】对话框（见图1-1-13），根据公司决定，设置日历为2013年1月1日，表示自2013年1月1日起，可以使用总账系统进行账务处理。

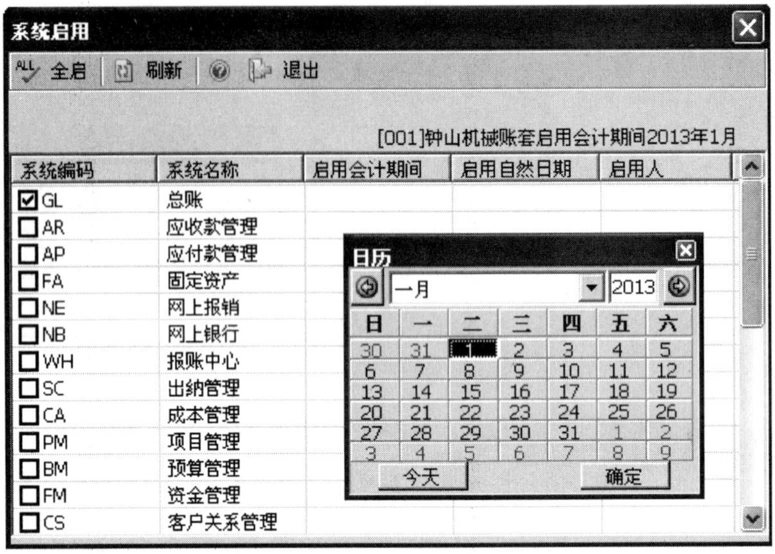

图1-1-13 【系统启用】对话框（2）

（3）单击【确定】按钮，关闭【日历】对话框，【系统启用】窗口会显示总账系统的启用会计期间、启用自然日期和启用人三项启用信息，如图1-1-14所示。

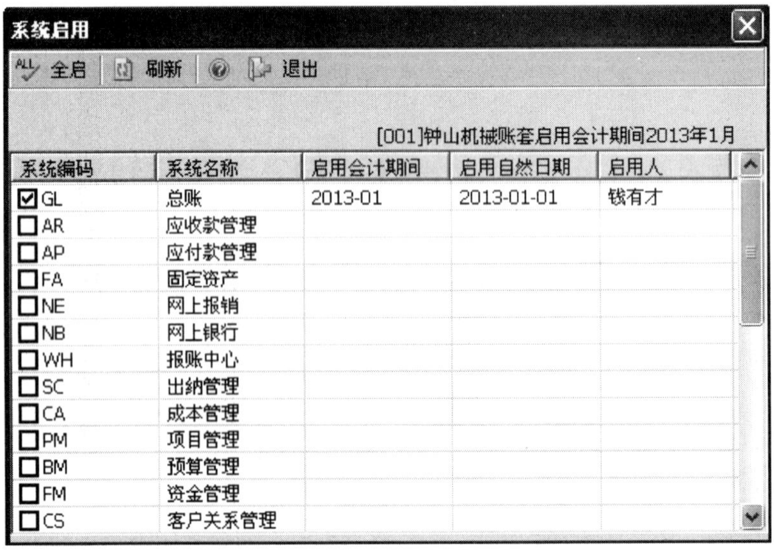

图1-1-14 【系统启用】对话框（3）

（4）单击【退出】按钮，返回系统管理模块主页面。

注意：

① 启用自然日期如果设置错误，如误设为"2013年2月1日"，则2013年1月1日至2013年1月31日之间的业务不能处理，因此，系统启用操作须十分小心，以免设错启用自然日期而影响业务处理。

② 总账系统的启用会计期间应大于或等于账套启用会计期,即总账启用应当在账套启用之后,请注意二者的先后逻辑关系。

其他系统,如薪资管理系统,可以留待需要使用时启用,但启用人只能是账套主管,而不再是 admin。

四、任务练习

在熟悉账套创建流程的基础上,完成以下思考与练习。

(1)重点关注【账套路径】、账套【启用会计期】、【本币代码】、【本币名称】等处信息(思考一下原因)。

(2)逐一浏览系统管理模块页面菜单栏中的【系统】、【账套】、【年度账】、【权限】、【视图】等菜单项的内容,并注意【年度账】一项呈灰色显示,不能操作(原因在用户权限设置中解释)。

(3)注意总账系统【启用会计期间】与账套【启用会计期】的区别与联系。

任务二 用户与权限设置

用户是指有权登录财务软件系统并进行相应业务处理的会计人员,也称操作员。为了保证会计信息的安全、完整,每次注册登录财务软件系统,都要进行用户身份的合法性检查,只有具备一定权限的用户才能进入财务软件系统。

一、明确任务

南京钟山机械设备有限公司财务部有三名会计人员,具体分工为:钱有才为会计主管,主要负责日常管理,并于期末编制会计报表;张瑙清为会计,负责填制记账凭证、登记会计账簿,核算与管理职工薪资及固定资产;赵子息为出纳,负责库存现金和银行存款的收付、与银行核对账目,并登记、保管库存现金和银行存款日记账。

要求:试进行用户与权限设置,让三名会计人员能登录财务软件系统进行各自的业务处理。

任务分析:首先应明确由谁将三名会计人员添加到财务软件系统,当然只能是系统管理员,通过任务一的完成情况可知,除了系统管理员 admin,系统中还没有其他用户。其次,根据业务分工,确定各人应授予的权限。钱有才作为会计主管,应当拥有财务软件系统的所有权限,因此应被定为账套主管;张瑙清应授予总账、薪资、固定资产等模块应用权限;赵子息只有凭证管理中的出纳签字、出纳管理功能使用权限。

二、知识准备

1. 财务软件的功能结构

一个较为完整的财务软件通常具有以下功能模块。

1)账务处理

用于凭证处理、账簿管理、出纳管理等业务处理。细分为填制凭证、审核凭证、查询凭证、记账;日记账、分类账及辅助账查询打印;期末转账、对账、结账等业务处理功能。

2）薪资管理与核算

用于工资项目与计算公式的设置、工资及各种附加费的计算与账务处理。细分为工资项目设置、人员档案设置、工资计算、个人所得税计算与申报、工资分摊、凭证查询等业务处理功能。

3）固定资产管理与核算

用于初始设置、建立与管理固定资产卡片、计提折旧等。

4）会计报表处理

包括会计报表的设置、编制与审核，用于生成各种财务报表、管理汇总表、统计分析表等各种表格。

5）其他业务处理

主要有应收款管理与核算、应付款管理与核算等。

2. 财务软件的功能权限

为了加强内部控制，需要对操作人员进行严格的岗位分工，防止越权行为发生。财务软件中的岗位分工是通过授权实现的，可以为一个操作员赋予几个模块的操作权限，如将薪资管理和固定资产管理模块的操作权限一并授予一个操作员，也可以为一个操作员授予某个模块的部分功能的操作权限，如将账务处理模块中的出纳功能授予出纳人员。上述操作权限是针对业务处理功能的，因此也称为功能权限，另有针对基础信息和金额数据的使用权限，分别称为数据权限和金额权限，这将在后面有关模块中再作详细介绍。

三、工作过程

根据明确任务完成用户设置与权限分配任务。

1. 增加用户

（1）以系统管理员身份登录，在系统管理模块主页面执行【权限】|【用户】命令，打开【用户管理】窗口，如图1-1-15所示。其中的【增加】、【删除】、【修改】等工具按钮分别用于增加、修改、删除用户处理。

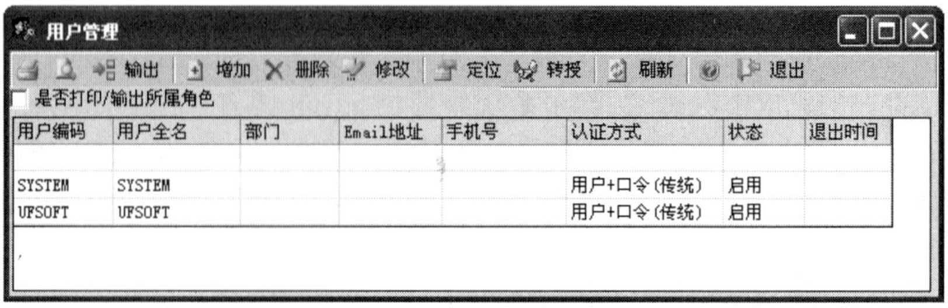

图1-1-15 【用户管理】窗口（1）

（2）单击【增加】工具按钮，打开【操作员详细情况】对话框，如图1-1-16所示，从中输入编号、姓名等信息。

（3）单击【操作员详细情况】对话框中的【增加】按钮，依次增加张瑶清和赵子息，单击【取消】按钮返回【用户管理】窗口，操作结果如图1-1-17所示。

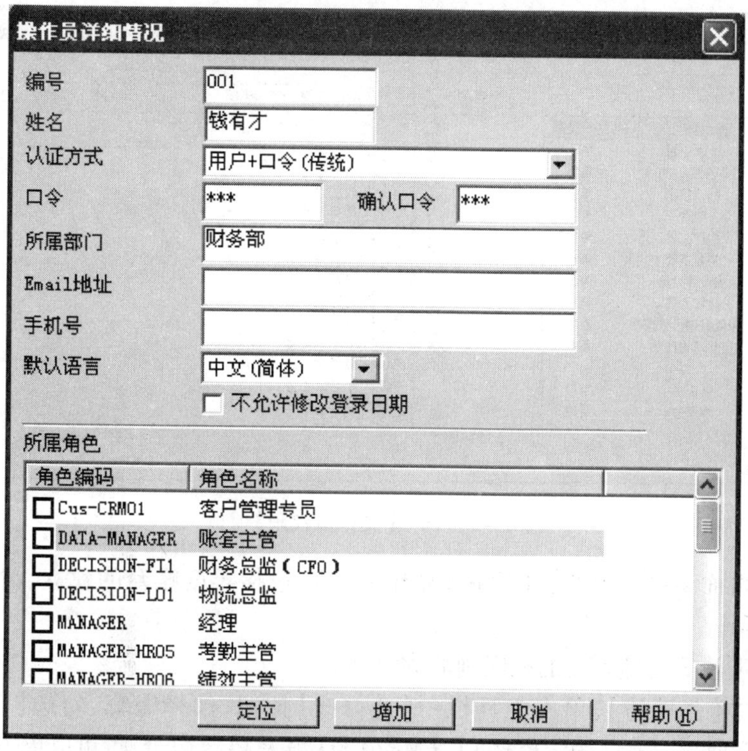

图 1 - 1 - 16 【操作员详细情况】对话框

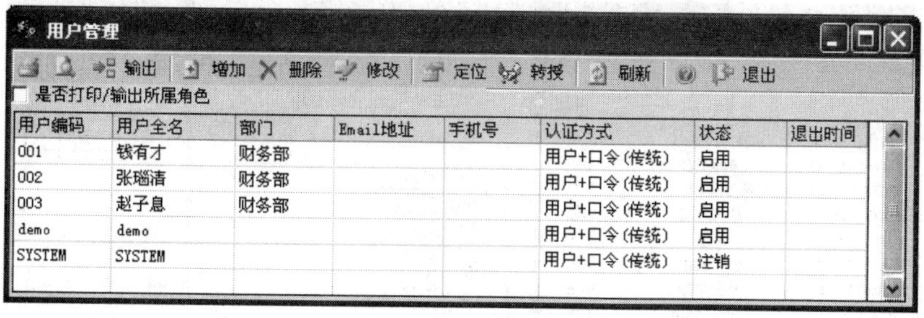

图 1 - 1 - 17 【用户管理】窗口(2)

（4）在【用户管理】窗口单击【退出】按钮，返回系统管理模块主页面。

2. 权限管理

以上增加的三个用户尚无登录并使用系统功能的权限，接下来根据任务分析的结果授予用户权限。

（1）在系统管理模块主页面执行【权限】|【权限】命令，打开【操作员权限】窗口，如图 1 - 1 - 18 所示。

（2）选中【钱有才】所在记录，单击账套列表框从中选择【［001］钟山机械】并勾选【账套主管】选项，钱有才即成为【［001］钟山机械】账套的账套主管。

账套主管拥有财务软件各功能模块的所有使用权限，并能登录系统管理模块（登录对话框与 admin 是不一样的，注意比较）修改账套、进行该账套的年度账管理（此时，系统

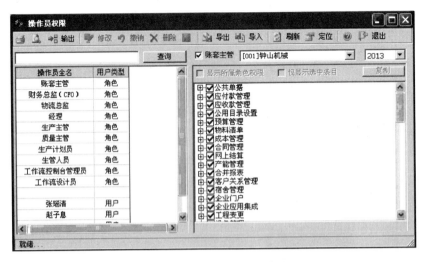

图 1 - 1 - 18 【操作员权限】窗口

管理模块主页面菜单栏中的【年度账】亮化显示），包括年度账套的建立、清空、输出、引入、结转等操作。

设置张瑙清等会计人员的权限则略为复杂。

（3）选中【张瑙清】，单击工具栏中的【修改】按钮，选择账套，勾选【GL（总账）】、【WA（薪资管理）】、【FA（固定资产）】、【MR（UFO 报表）】等记录，也可以单击"＋"逐层展开权限分支，选择更为细小的权限，如图 1 - 1 - 19 所示。设置完毕单击【保存】按钮即可。

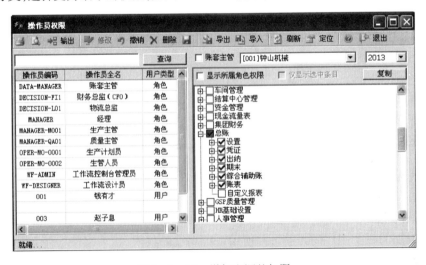

图 1 - 1 - 19 增加和调整权限

用户权限设置也可以通过授予角色进行，角色是一系列权限的集合，当某用户归属某一角色后，就相应拥有了该角色的所有权限，有时通过角色授权更加方便。

四、任务练习

增加名为李明的用户，并分别使用系统管理模块主页面【权限】|【权限】和【权限】|【角色】菜单命令授予赵子息和李明出纳权限，对两种操作进行比较。

任务三 数据备份与恢复

系统及数据的安全性是至关重要的。将财务软件系统产生的账套数据备份到硬盘、U 盘等存储介质，一是为了保证会计数据的安全、完整，当系统出现致命故障时，可以利用备份数据尽快恢复系统，从而保证会计工作正常进行，二是会计档案管理的要求，会计电算化工作规范中名文规定电子会计数据、财务软件系统都应视同会计档案严加保管。

与账套数据备份相应的是账套数据的恢复，是指将系统外部某账套数据引入财务软件系统。除了故障原因需要引入账套数据，有时进行财税审计、数据分析、报表合并时也需要引入外部账套数据。需要特别注意的是，账套号相同时，引入外部账套数据将覆盖原有账套数据。

一、明确任务

为了确保南京钟山机械设备有限公司财务数据的安全、完整，现对"[001]钟山机械"账套进行账套备份处理。

本任务要求能熟练进行账套的备份与恢复操作。

二、知识准备

1. 备份权限

只有系统管理员 admin 有权限对财务软件系统中的会计数据进行备份处理，账套主管只能对年度账数据进行备份操作，而只备份年度账数据是不完整的。

2. 备份路径

备份路径是存放备份数据的物理硬盘目录，与账套路径是不同的概念，如果把账套路径比作车间，备份路径则好比仓库，不宜合二为一。

3. 备份文件

账套备份的结果由 Uferpact. Lst 和 Ufdata. bak 两个物理文件组成，年度账的备份结果由 UfErpYer. Lst 和 Ufdata. bak 两个物理文件组成。虽然二者结果中都含有文件 Ufdata. bak，但内容不完全一样，账套与年度账之间的关系就像大楼与大楼里的房间的关系一样，请注意区分。

三、工作过程

1. 账套备份操作

备份整个账套数据，要以系统管理员 admin 的身份登录系统管理。

（1）执行【账套】|【输出】命令，如图 1 - 1 - 20 所示。

（2）弹出【账套输出】对话框，如图 1 - 1 - 21 所示，从中选择需要备份输出的账套（如果备份后需要将该账套从系统中删除，则勾选【删除当前输出账套】选项，该操作要谨慎！）。

（3）单击【确认】按钮，弹出【请选择账套备份路径】对话框，如图 1 - 1 - 22 所示。从

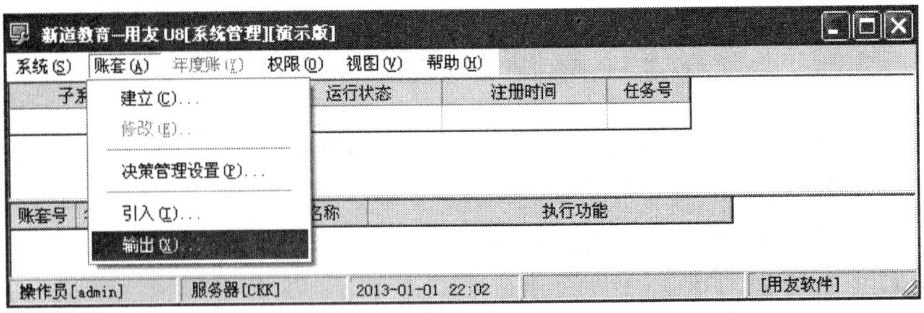

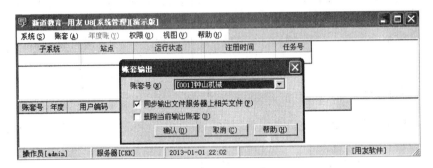

图1-1-20 执行【输出】命令

图1-1-21 【账套输出】对话框

中选择用于存放账套备份数据的文件夹,如 UFDATA;也可以单击【新建文件夹】按钮重新创建一个备份文件夹。

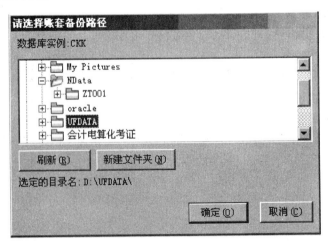

图1-1-22 确定账套备份路径

在图1-1-22中,NData 即为账套路径,是账套的工作目录。账套备份路径不宜使用账套路径;另外,也不宜在操作系统盘区(如 C 盘)做备份。

(4)单击【确定】按钮,等候一段时间后,弹出输出成功对话框。至此,账套备份完成。

浏览账套备份文件夹,从中可以看到账套备份的结果,即 UfErpAct. Lst 和 Ufdata. bak 两个主要物理文件。

2. 账套恢复操作

仍以系统管理员 admin 的身份登录系统管理。

（1）执行【账套】|【引入】命令，如图1－1－23所示。

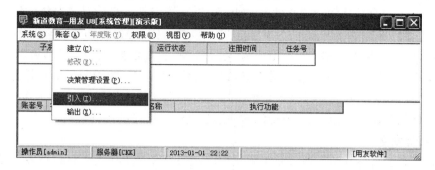

图1－1－23 执行【引入】命令

（2）弹出【请选择账套备份路径】对话框，选择含有两个账套文件的文件夹，如图1－1－24所示。

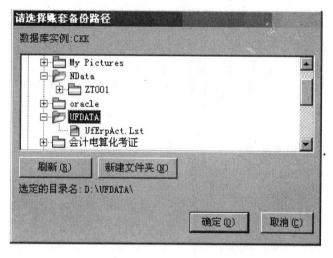

图1－1－24 选择账套备份路径

（3）选择"UfErpAct. Lst"文件后单击【确定】按钮，弹出显示当前默认路径的对话框，并提示账套将被引入的目录，即指定账套路径，如图1－1－25所示。

（4）单击【确定】按钮，在选择账套路径的对话框中选择或新建一个文件夹作为恢复账套的路径。等待一定时间后，显示如图1－1－26所示的对话框，表明账套恢复成功。

图1－1－25 显示当前默认
　　　　路径的对话框

图1－1－26 提示正在引入与引入成功的对话框

四、任务练习

1. 账套备份

（1）插入 U 盘并从中创建文件夹 UFBAK，以系统管理员身份登录系统，进入账套备份程序，选择【[001]钟山机械】，为了便于进一步学习账套恢复，勾选【删除当前输出账套】选项，指定 U 盘 UFBAK 为备份文件夹，执行账套备份操作。备份结束，查看 U 盘 UFBAK 文件夹中的内容。再次进入账套备份程序，检查"[001]钟山机械"账套是否还存在。

（2）再以账套主管的身份登录系统管理，备份 2013 年的年度账，要求指定一个不同于账套备份的备份路径，对二者备份的文件通过文件属性仔细比较。

2. 账套恢复

将以上账套备份的结果通过系统管理的【账套】|【引入】命令从 U 盘恢复至系统，注意选择账套路径，恢复后查看结果，体会备份的重要性。

模块二　基础信息设置

新建账套只是在计算机系统中初建了账套的基本框架。财务软件在处理日常业务时需要用到大量的基础信息，如员工、部门、会计科目、结算方式等。为了适应财务软件应用的需求，应根据企业的实际情况，在财务软件系统中创建与企业管理与核算相关的基础信息。

学习目标

1. 熟悉基础信息设置流程；
2. 熟悉信息编码规则知识；
3. 能正确建立业务档案；
4. 能正确建立财务档案；
5. 能正确设置基础信息使用权限。

工作过程

1. 建立业务档案；
2. 建立财务档案；
3. 设置财务业务档案使用权限。

任务一　建立业务档案

企业管理业务是多方面的，主要包括人力资源管理、客户与供应商管理、物资管理等管理业务，会计核算与监督涉及企业管理的方方面面，需要掌握和使用各个方面的基础资料，如果基础资料不完整，日常业务将无法进行。因此，在财务软件系统中应当相应设置与职能部门及职员相关的部门档案、人员档案信息，与往来单位相关的客户分类及客户档案信息、供应商分类及供应商档案信息，与物资管理相关的存货档案信息等。这些基础信息可以由相关的业务部门或会计部门创建与维护。

基础档案既可以由账套主管设置,也可以由其他操作员设置,但必须由账套主管或系统管理员授予其他操作员公共目录设置中的部分或全部权限。

一、明确任务

南京钟山机械设备有限公司基本管理资料见表1-2-1~表1-2-4。

1. 公司组织机构

表1-2-1 公司组织机构

部门编码	部门名称	负责人
1	办公室	杨关事
2	财务部	钱有才
3	生产部	刘思毫
4	销售部	罗大佑
5	采购部	刘三杰
6	仓库	
601	成品库	谢诚品
602	材料库	王管料

除材料库于2005年8月12日增设外,其他部门均随公司成立于2003年2月8日。

2. 公司员工信息

表1-2-2 公司员工信息

员工编号	员工姓名	性别	人员类别	业务员属性	所属部门
1001	苏长江	男	行政管理人员	业务员	办公室
1002	杨关事	男	行政管理人员	业务员、操作员	办公室
2001	钱有才	男	行政管理人员		财务部
2002	张瑠清	女	行政管理人员		财务部
2003	赵子息	男	行政管理人员		财务部
3001	刘思毫	男	车间管理人员		生产部
3002	杨文宏	男	生产人员		生产部
3003	李丽	女	生产人员		生产部
3004	杨明光	男	生产人员		生产部
3005	刘红丽	女	生产人员		生产部
3006	刘伟广	男	生产人员		生产部
4001	罗大佑	男	销售人员	业务员、操作员	销售部
4002	陈述	男	销售人员		销售部
5001	刘三杰	男	供应人员	业务员、操作员	采购部
6001	谢诚品	男	仓管人员		成品库
6002	王管料	女	仓管人员		材料库

3. 客户信息

表 1-2-3　客户信息

序号	客户名称	联系人	联系电话	地址
1	南京阳光机械公司	刘旭	85838999	南京市福建路 998 号
2	上海辰龙贸易公司	王薇	23218877	上海市共和路 761 号
3	南京风华设备公司	刘春雨	58813909	南京市西善桥 213 号
4	苏州万利达公司	宁晓军	61018999	苏州市工业园区 778 号

4. 供应商信息

表 1-2-4　供应商信息

序号	供应商名称	联系人	联系电话	地址
1	南京富顺公司	胡光	58813909	南京市老山南路 201 号
2	南京苏豪电器	徐丽	58834719	南京市文昌路 798 号
3	安徽泰达公司	刘文涛	2583421	合肥市明光路 77 号

要求：

（1）应用创建账套工作过程中确定的编码方案为部门、客户和供应商编码；

（2）根据上述公司基本资料创建财务软件系统所需部门、人员、客户及供应商等业务档案，注意按照创建账套时设定的编码方案，设置各项信息的编码。

二、知识准备

1. 业务档案设置顺序

企业业务信息间往往存在一定的逻辑关系，如，先成立部门并设立岗位，后配置人员，由此可以看出，必须在设置部门档案和人员类别的基础上才能设置职员档案。因此，业务档案的创建应遵从一定的顺序，以免导致返工。

2. 业务档案编码要求

信息编码是设置业务档案应该注意的另一个重要方面，信息编码是为了方便信息的存储、检索和使用，在进行信息处理时赋予编码对象以代码的过程，即用不同的代码与各种信息集合中的信息元素建立一一对应的关系，信息编码必须标准化、系统化。有编码规则要求的信息（如部门编码），要遵从编码方案中所确定的编码规则，无编码规则要求的信息（如职工编号），也应当遵循编码的一般规律，如等长编码、隶属关系明确、易于扩充等。

3. 认识企业应用平台

在用友 U8 系统中，基础档案的设置与维护在企业应用平台上进行，企业应用平台是由会计核算系统、业务处理系统及系统设置与管理程序集成的工作平台。系统管理员 admin 在系统管理模块中增加的用户经系统管理员 admin 或账套主管授予一定的功能权限后即可登录企业应用平台，进行相应的业务处理。

账套主管登录企业应用平台时的登录对话框如图 1-2-1 所示。

初始平台界面由菜单栏、工具栏、业务导航图、信息中心和状态栏组成，业务导航图中有【基础设置】【业务工作】和【系统服务】三个页签，如图 1-2-2 所示。其中，【基础设

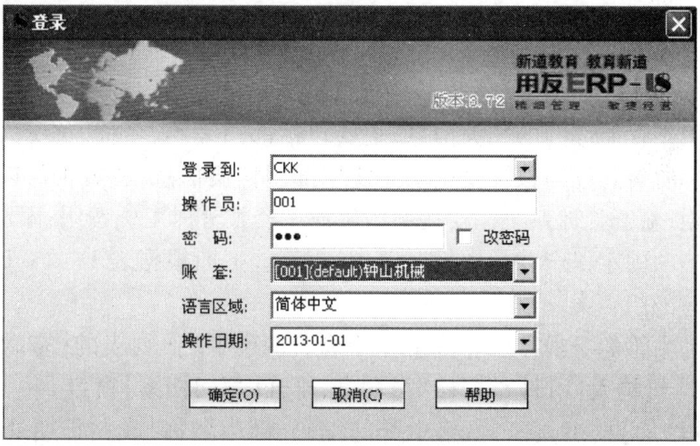

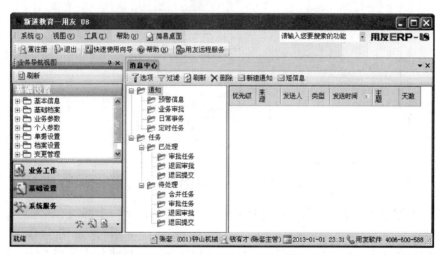

图 1 - 2 - 1　企业应用平台登录对话框

置】页签集中了系统启用、基础档案设置、业务参数设置、个人参数设置、单据设置、档案设置等基础设置功能;【业务工作】页签包含了账务会计、人力资源等财务业务处理子系统;系统管理、服务器配置、各种工具及数据与金额权限设置则集中在【系统服务】页签中。

图 1 - 2 - 2　企业应用平台【基础设置】页签

业务导航图默认页签为【业务工作】,图 1 - 2 - 2 中【基础设置】页签为当前页签,是通过单击业务导航图中的【基础设置】页签名切换而得。平台界面除菜单栏固定外,其他组件可以根据需要进行个性化设置。

注意:

① 系统管理员 admin 不能登录企业应用平台。

② 登录系统管理与登录企业应用平台的区别。

4. 业务档案设置权限

业务档案既可以由账套主管设置,也可以由相关部门的业务人员设置,但必须由账套主管或系统管理员授予业务人员公共目录设置中的部分或全部权限。

三、工作过程

1. 建立部门档案

部门档案用于存储部门的相关信息,主要包括部门编码、名称、负责人、成立日期等。财务软件中几乎所有管理与核算模块均需使用部门档案信息,总账中可以按照部门辅助核算收入或费用;薪资管理系统需要按部门发放工资并分摊工资费用;固定资产管理系统要按部门管理各项固定资产并计提折旧费用;等等。下面根据表 1 - 2 - 1 给出的公司组织机构信息创建部门档案。

(1) 以账套主管的身份登录企业应用平台,切换到工作列表的【基础设置】页签,执行【基础档案】|【机构人员】|【部门档案】命令,打开【部门档案】窗口。

(2) 单击【增加】按钮,在右窗格中部门编码、部门名称、成立日期处分别输入"1"、"办公室"、"2003 - 02 - 08",如图 1 - 2 - 3 所示。

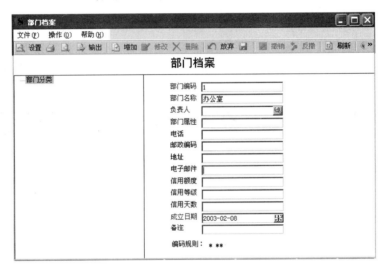

图 1 - 2 - 3 【部门档案】窗口(1)

(3) 单击【保存】按钮,保存办公室档案记录,等待输入下一个部门。

注意:

① 部门档案中【负责人】一项信息受人员档案的约束,只能从人员档案中选取,所以在创建人员档案前该内容无法输入。

② 图 1 - 2 - 3 中编码规则"＊＊＊"是由编码方案中所预置的部门编码级次"12"决定的,表示一级部门代码为 1 位,二级部门的代码为 2 位。为了反映与上级部门的从属关系,下级部门代码前冠以上级部门的代码构成该部门的编码,故二级部门的编码为 3 位,依此类推,其他信息编码规则情况类似,不再另外说明。

2. 建立人员类别档案

企业一般按照人员职位的性质、特点和管理需要,将人员划分为行政管理人员、车间管理人员、仓库管理人员、销售人员、工人等类别。同一个部门可以有多种人员,如生产车间一般有车间管理人员、工人等人员;某类人员也可分布在不同部门中,如行政管理人员分布在办公室、财务部、采购部等部门。某职员所属的人员类别与所属部门是该人员工资费用列支成本费用的重要依据。下面根据表1-2-2给出的公司员工信息创建人员类别档案。

（1）在企业应用平台的【基础设置】页签,执行【基础档案】|【机构人员】|【人员类别】命令,打开【人员类别】窗口,如图1-2-4所示。

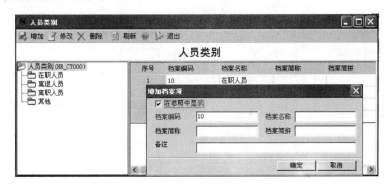

图1-2-4 【人员类别】窗口

（2）选择【在职人员】,打开【增加档案项】对话框,如图1-2-5所示,从中输入档案编码"101",档案名称"行政管理人员"。

图1-2-5 【增加档案项】对话框

（3）单击【确定】按钮,保存人员类别"行政管理人员"的档案记录,并进入下一条档案记录的输入。

在部门档案和人员类别档案的基础上可以创建人员档案。

3. 建立人员档案

人员档案用于存储人员的相关信息,包括人员编码、人员姓名、人员类别、所属部门等。账务处理、薪资管理等系统均需使用人员档案信息。下面根据表1-2-2给出的公司员工信息创建公司的人员档案。

（1）在企业应用平台的【基础设置】页签,执行【基础档案】|【机构人员】|【人员档案】命令,打开【人员列表】窗口,默认信息项主要有人员编码、姓名、行政部门编码、人员类别等,如图1-2-6所示,可以通过【栏目】功能重新设置人员档案信息项。

（2）选择【办公室】,单击【增加】按钮,打开【人员档案】窗口,如图1-2-7所示。

该窗口有【基本】和【其他】两个页签,默认页签为【基本】页签,从中输入公司员工基本信息。

（3）逐项输入公司员工苏长江的信息,如图1-2-8所示。

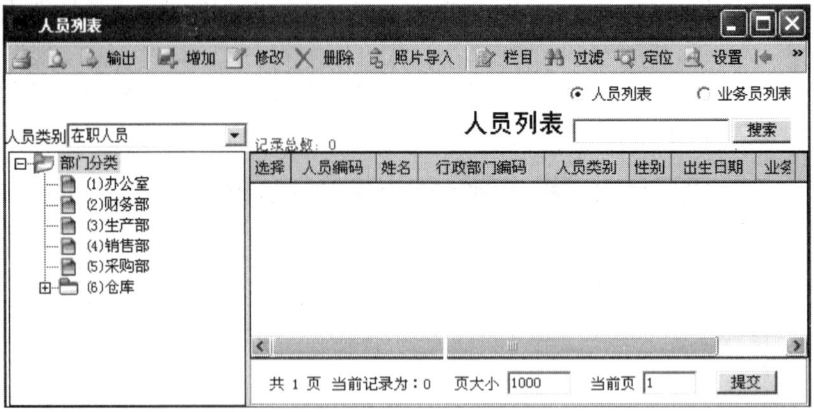

图 1-2-6 【人员列表】窗口

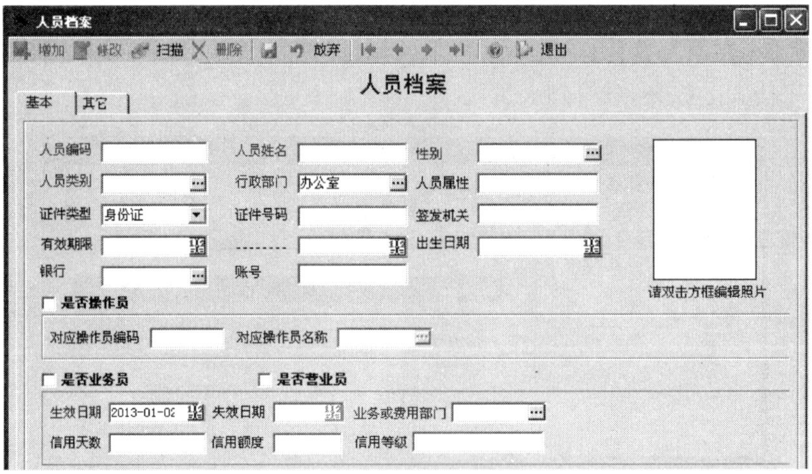

图 1-2-7 【人员档案】窗口(1)

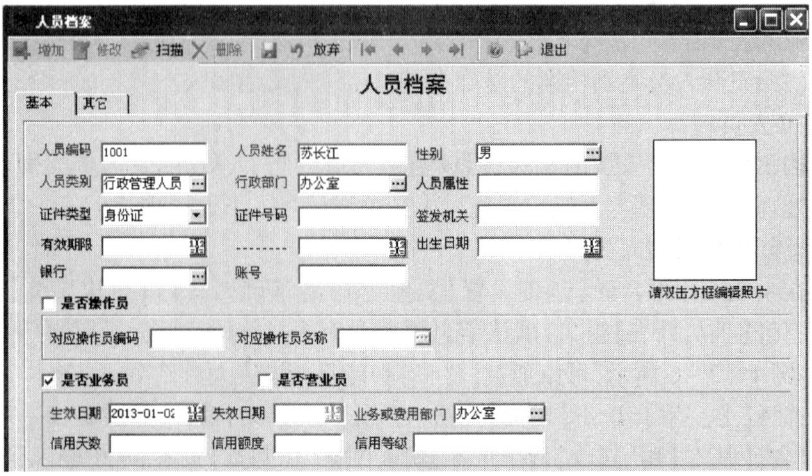

图 1-2-8 【人员档案】窗口(2)

【人员编码】没有编码规则限制,按编码一般要求输入即可;【是否业务员】指此人是否为公司的具有一定业务经办权限的人员,如借支备用金等;【是否操作员】指此人能否登录企业应用平台,并使用财务软件的某些功能模块,需要注意的是,操作员即用户,已经成为系统用户的人员无须再指定为操作员。

(4)单击【保存】按钮,存入苏长江的基本信息,若结束输入,单击【退出】按钮。

4. 建立客户档案

1)客户分类

由于在创建账套时选择了客户分类管理,因此设置客户档案前首先要进行客户分类设置。客户分类是基于客户的属性特征所进行的有效性识别与差异化区分。例如,按客户对企业的价值将客户分为一类客户、二类客户、……按建立业务关系的频率与时间将客户分为长期客户和短期客户等。假设公司将客户分为长期客户和短期客户两类,设置过程如下。

(1)在企业应用平台的【基础设置】页签,执行【基础档案】|【客商信息】|【客户分类】命令,打开【客户分类】窗口,如图1-2-9所示。

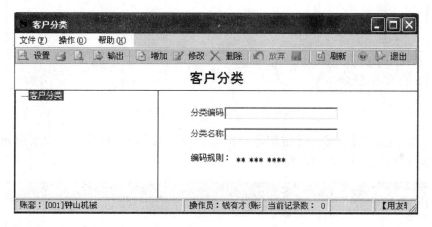

图1-2-9 【客户分类】窗口(1)

(2)单击【增加】按钮,依次从中输入类别编码"01"和类别名称"长期客户",结果如图1-2-10所示。

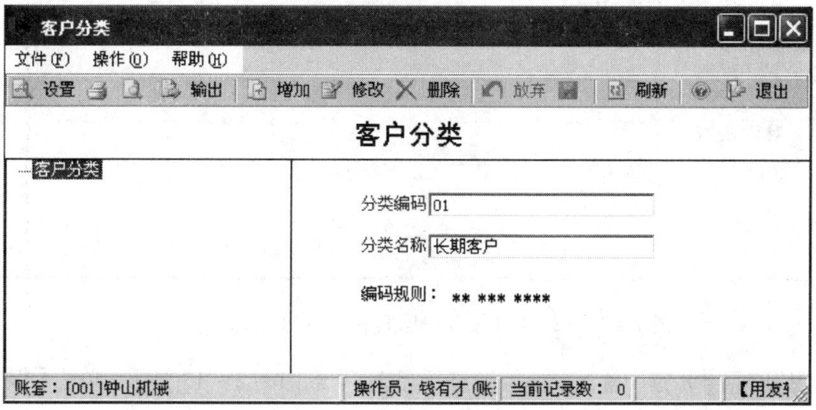

图1-2-10 【客户分类】窗口(2)

（3）单击【保存】按钮。重复步骤（2）、（3），输入"02""短期客户"。

2）创建客户档案

客户档案主要用于设置客户的档案信息，便于对客户资料管理和业务数据进行统计分析，客户基础信息主要用于总账、应收款管理等模块中。下面根据表1-2-3给出的公司客户基础信息创建客户档案（设所有客户都为长期客户）。

（1）在企业应用平台的【基础设置】页签，执行【基础档案】｜【客商信息】｜【客户档案】命令，打开【客户档案】窗口，如图1-2-11所示。

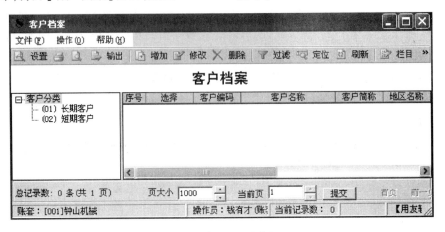

图1-2-11 【客户档案】窗口（1）

（2）单击【增加】按钮，在【增加客户档案】窗口的【基本】页签输入南京阳光机械公司的基本信息，如图1-2-12所示。

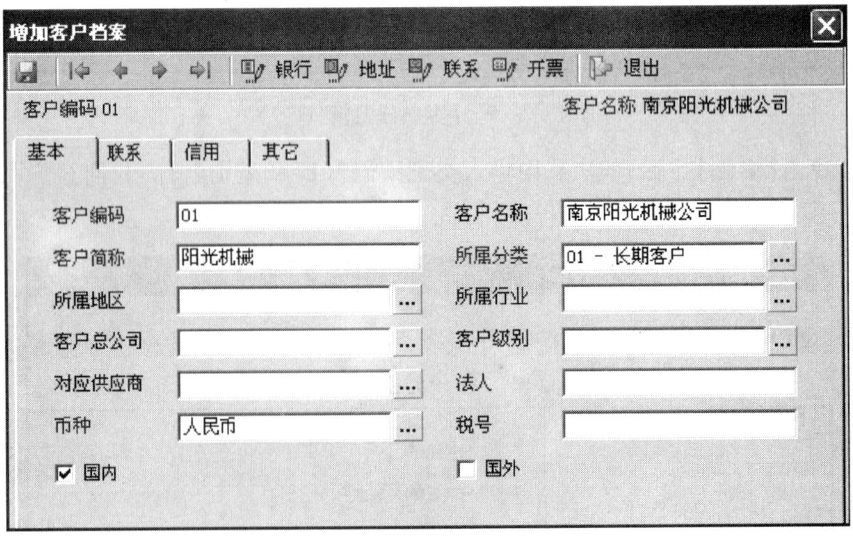

图1-2-12 【增加客户档案】窗口（基本信息页面）

（3）在【联系】页签中输入电话、地址等信息，如图1-2-13所示，单击【保存】按钮，进入下一记录的输入。

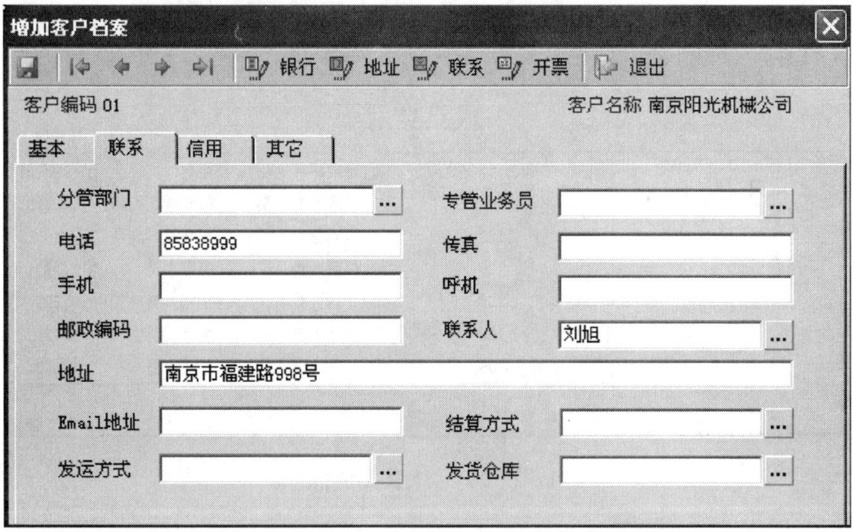

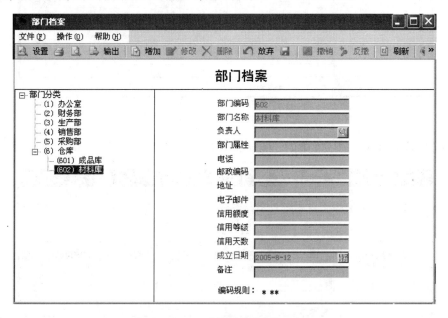

图 1 - 2 - 13　【增加客户档案】窗口(联系信息页面)

5. 建立供应商档案

供应商档案创建流程与客户档案创建基本相同,首先设置供应商分类,再录入供应商档案,供应商分类可以比照客户分类进行。

四、任务练习

(1) 完成其余部门档案记录的输入,结果如图 1 - 2 - 14 所示。

图 1 - 2 - 14　【部门档案】窗口(2)

(2) 完成其余人员类别档案记录的输入,结果如图 1 - 2 - 15 所示。

(3) 完成其他人员的输入处理,结果如图 1 - 2 - 16 所示。

图 1 - 2 - 15 【人员类别】窗口

图 1 - 2 - 16 【人员列表】窗口

（4）完成其他客户档案的创建，结果如图 1 - 2 - 17 所示。

图 1 - 2 - 17 【客户档案】窗口(2)

（5）完成供应商档案的创建，结果如图 1 - 2 - 18 所示。

图 1 – 2 – 18　【供应商档案】窗口

任务二　建立财务档案

这里所说的财务档案,是相对于业务档案的直接用于会计核算与管理的基础信息,主要包括会计科目、会计凭证、结算方式等基础信息,不设置这些基础信息,财务软件系统各模块都不能运行。财务档案由会计部门创建并维护,是财务软件不可或缺的重要基础信息。

一、明确任务

南京钟山机械设备有限公司会计核算资料如下。

1. 存货目录

公司主要存货见表 1 – 2 – 5。

表 1 – 2 – 5　存货目录

序　　号	品　　名	计 量 单 位
1	甲材料	千克
2	乙材料	千克
3	丙材料	千克
4	离心风机 A 型	件
5	离心风机 B 型	件

2. 账户设置

2012 年 12 月 31 日,公司所设账户见表 1 – 2 – 6。

3. 记账凭证

财务部门采用收款凭证、付款凭证和转账凭证反映收款、付款和转账业务。

4. 结算方式

公司严格按照现金和银行存款管理方法办理结算业务,除了按规定可以使用现金进行收付结算的业务,通常使用现金支票、转账支票、银行汇票、商业汇票等结算方式办理结算业务。

要求:根据公司账户设置、凭证选用、结算方式等信息资料创建会计科目、凭证种类、结算方式等财务档案。

表 1-2-6 账户设置

账 户 名 称	账 户 名 称
库存现金	短期借款——工商银行
银行存款——工商银行	应付账款(南京苏豪电器)
交易性金融资产——债券	(安徽泰达公司)
应收票据	(南京富顺公司)
应收账款(南京阳光机械公司)	应付票据
(上海辰龙贸易公司)	预收账款
(南京风华设备公司)	应付职工薪酬——应付工资
其他应收款——应收职工欠款(杨关事)	应交税费——未交增值税
(罗大佑)	——应交营业税
在途物资——甲材料	——应交所得税
——乙材料	——应交城建税
原材料——甲材料	——应交教育费附加
——乙材料	应付利息
——丙材料	长期借款
库存商品——离心风机A型	实收资本
——离心风机B型	资本公积——资本溢价
周转材料——工具	盈余公积——法定盈余公积
固定资产——生产经营用固定资产	本年利润
累计折旧	利润分配——未分配利润
无形资产——商誉	销售费用——工资
长期待摊费用——租金	管理费用——工资
生产成本——离心风机A型——直接人工	——办公费
——离心风机B型——直接人工	——折旧费
制造费用——工资	财务费用——贷款利息
——折旧费	主营业务收入——离心风机A型
主营业务成本——离心风机A型	——离心风机B型
——离心风机B型	所得税

注:各级会计科目之间用"——"分隔表示明细核算,用"( )"分隔表示辅助核算。

二、知识准备

1. 一般核算与辅助核算

企业除了对全部经济业务进行分类核算,对库存现金、银行存款收付业务进行序时核算外,为了管理与核算的需要,还可组织辅助核算,以灵活多变的辅助核算形式,准确及时、全面具体地提供某些经济业务的会计信息。例如,为了简化一般核算,应收及预收款项可以采用客户往来核算形式进行辅助核算,应付及预付款项可以采用供应商往来核算形式进行辅助核算,应收、应付个人款项按个人往来进行辅助核算;为了强化成本费用管理,各项管理费用除按费用项目进行基本核算外,还可以设置各部门管理费用台账,随时提供各部门管理费用发生情况。

2. 会计科目

会计科目主要有会计科目编码、会计科目名称、科目类型、账页格式、余额方向、辅账类型,是否为现金或银行科目等属性,设置科目档案就是确定并输入每一会计科目的各个属性值。

1)会计科目编码

会计科目编码按编码方案中对科目编码级次和级长的规定进行设置,一级科目编码同时要遵循财政部的规定,明细科目编码时通常将同级科目按一定顺序排列,以序号为本级科目代码;为了明确科目之间的从属关系,以上级科目编码为前缀,构成本级科目编码。

2)会计科目名称

会计科目名称是对会计对象的具体内容进行详细分类所确定的分类名称,一级科目的名称要按财政部的规定设置,明细科目的名称除财政部统一规定之外按单位管理与核算的要求确定,注意言简意赅,通俗易懂。会计科目名称将显示或打印在凭证、账簿或表页上,因此输入时要保持准确性。

3)科目类型

按会计科目性质对会计科目进行的划分,一般分为资产类、负债类、所有者权益类、成本类、损益类等类型。

4)账页格式

规定每个会计科目的会计账页格式,系统提供金额式、数量金额式等种类,还可以自行设置一方多栏式、借贷多栏式等自定义账页格式。

5)余额方向

用以标明某会计科目的余额是借方余额还是贷方余额。

6)辅账类型

辅账类型主要包括数量核算、外币核算、个人往来核算、客户与供应商往来核算、部门核算和项目核算等辅助核算类型。

7)是否库存现金或银行存款科目

"1001 库存现金"和"1002 银行存款"两个科目在会计人员看来无疑是库存现金和银行存款科目,但财务软件系统不经指定是不能自动识别的。因此,只有分别指定,财务软件系统才能识别并作相应处理。

3. 凭证类别

记账凭证是总账系统最基本的数据来源。确定合理的记账凭证类型,不仅可以有效地对记账凭证进行管理,还可以根据不同记账凭证的特点采取相应的控制措施保证记账凭证中会计科目的正确使用。需要注意的是:记账凭证类别一旦设置并使用,就不允许修改或删除,因此,必须根据单位会计核算与管理的要求确定记账凭证类别。

4. 结算方式

为便于银行存款管理、提高银行对账效率,应在财务软件系统中建立与管理企业在经营活动中所使用的结算方式,如现金结算、支票结算等。结算方式设置主要内容包括结算方式编码、结算方式名称、票据管理标志。

三、工作过程

1. 设置会计科目

在企业应用平台的【基础设置】页签,执行【基础档案】|【财务】|【会计科目】命令,打开【会计科目】窗口,如图1-2-19所示。

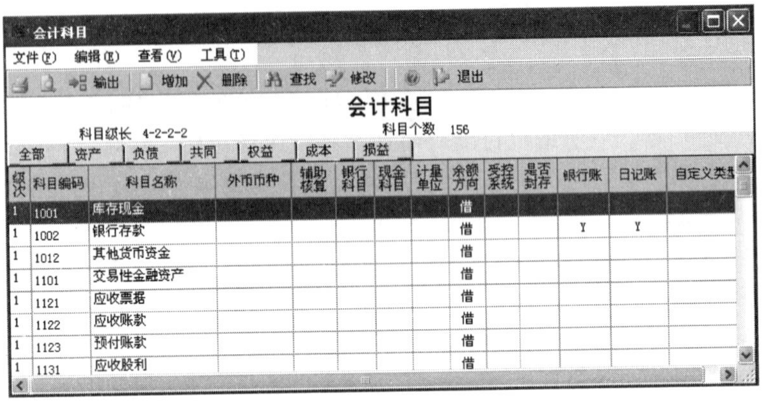

图1-2-19 【会计科目】窗口

因为在创建账套过程中设置核算类型时勾选了【按行业性质预置科目】选项,所以系统已经预置了部分常用会计科目的科目编码和科目名称。按照公司的账户设置资料只需对标准科目进行修改或增补。

1)增设会计科目

(1)用【增加】功能增设会计科目。以增设"100201 工商银行"明细科目为例。

单击【增加】按钮,弹出【新增会计科目】对话框,从中输入需要增加的会计科目各要素信息,如图1-2-20所示。

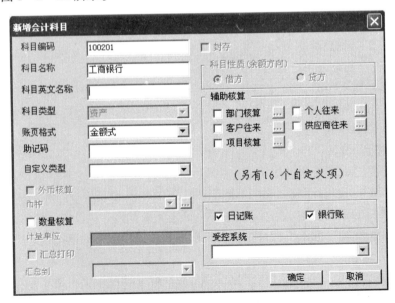

图1-2-20 【新增会计科目】对话框(1)

（2）用【复制】功能增设会计科目。以增设"140301 甲材料"明细分类科目为例。

选中"原材料"科目所在记录,执行【编辑】|【复制】命令,弹出【新增会计科目】对话框,其中各科目属性值为"原材料"科目的复制信息,修改科目编码为"140301",科目中文名称为"甲材料",选择账页格式为【数量金额式】,勾选【数量核算】并输入计量单位"千克"后,单击【确定】按钮,保存会计科目信息(见图 1 - 2 - 21)。

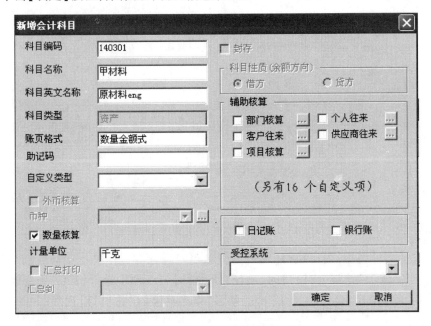

图 1 - 2 - 21　【新增会计科目】对话框(2)

注意:

① 属于同一个科目的多个明细科目的英文名称不能重复。

② 会计科目已经输入期初余额后增设下级明细科目,系统自动将科目余额复制到第一个新增的明细科目上。

③ 已经制单的会计科目不可以增设下级明细科目。

另外,还可以用【编辑】|【成批复制】"功能增设会计科目。

2）修改会计科目

将"应收账款"科目设置为按客户往来核算方式进行辅助核算。双击"应收账款"科目所在记录,或选择"应收账款"科目后单击【修改】按钮,在弹出的【会计科目_修改】对话框中,勾选【辅助核算】中的【客户往来】选项,默认受控系统设为【应收系统】,最后单击【确定】按钮,完成会计科目修改,如图 1 - 2 - 22 所示。

注意:已经输入期初余额的会计科目不宜修改辅助核算属性,删除期初余额后才可以修改。

3）确定库存现金、银行存款和现金流量科目

将"1001 库存现金"和"1002 银行存款"指定为现金科目和银行科目,在出纳功能中就可以查询现金日记账和银行存款日记账,进行银行对账,在填制凭证中可以进行支票控制和资金赤字控制,从而实现现金和银行存款的严格管理。

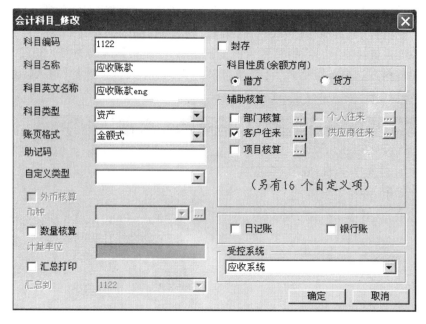

图 1 - 2 - 22 【会计科目_修改】对话框

（1）在【会计科目】窗口执行【编辑】|【指定科目】命令，打开【指定科目】对话框。

（2）当前选项为【现金科目】时，从【待选科目】列表框中选择【1001 库存现金】并单击 按钮，将【1001 库存现金】从【待选科目】列表移至【已选科目】列表，如图 1 - 2 - 23 所示。

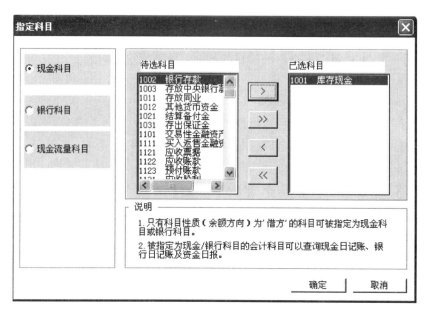

图 1 - 2 - 23 【指定科目】对话框（指定现金科目）

（3）单击【确定】按钮，返回【会计科目】窗口，注意"1001 库存现金"科目属性的变化。

4）删除会计科目

在【会计科目】窗口选定无须保留的会计科目，单击【删除】按钮，弹出【删除记录】对话框，单击【确定】按钮后删除该会计科目。

注意：

① 已经使用过的科目不能删除。"已经使用过"是指已经输入期初余额；已经制单；总账系统期末转账定义中用过；在固定资产、薪资管理等系统账务处理设置中用过；已经指定科目；凭证类别设置中已作限制科目；已经设为常用科目等情形。

② 删除科目应遵循"自下而上"的原则，从末级科目向上逐级删除。

2. 设置凭证类别

（1）在企业应用平台的【基础设置】页签，执行【基础档案】|【财务】|【凭证类别】命令，打开【凭证类别预置】对话框，如图 1 – 2 – 24 所示。

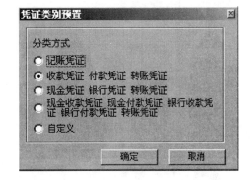

图 1 – 2 – 24　【凭证类别预置】对话框

（2）按公司核算要求选择【收款凭证　付款凭证　转账凭证】选项，单击【确定】铵钮，弹出【凭证类别】窗口，如图 1 – 2 – 25 所示。

类别字	类别名称	限制类型	限制科目	调整期
收	收款凭证	无限制		
付	付款凭证	无限制		
转	转账凭证	无限制		

图 1 – 2 – 25　【凭证类别】窗口（1）

（3）选择某记账凭证记录，如选择【收款凭证】，单击【修改】按钮，或执行快捷菜单中的【修改】命令，设置每种记账凭证的限制类型和限制科目。

【收款凭证】的限制类型应设为【借方必有】，限制科目应设为【1001,1002】（思考一下原因），限制科目既可以直接从键盘输入，也可以单击参照按钮，从会计科目列表中选择输入，如图 1 – 2 – 26 所示。

类别字	类别名称	限制类型	限制科目	调整期
收	收款凭证	借方必有	1001, 1002	
付	付款凭证	无限制		
转	转账凭证	无限制		

图 1 – 2 – 26　【凭证类别】窗口（2）

3. 设置结算方式

（1）在企业应用平台的【基础设置】页签,执行【基础档案】|【收付结算】|【结算方式】命令,打开【结算方式】窗口(见图1-2-27)。

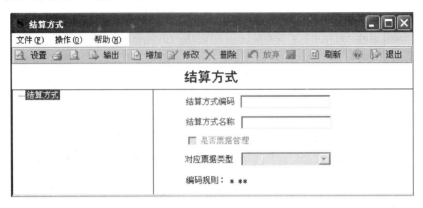

图1-2-27　【结算方式】窗口(1)

（2）单击【增加】按钮,按编码规则输入结算方式编码,按公司现用的结算方式输入结算方式名称,需要进行票据登记管理的结算方式勾选【是否票据管理】选项,单击【保存】按钮,进入下一条记录输入(见图1-2-28)。

图1-2-28　【结算方式】窗口(2)

（3）执行【基础档案】|【存货】|【存货分类】|【增加】命令,设置存货分类,如图1-2-29所示。

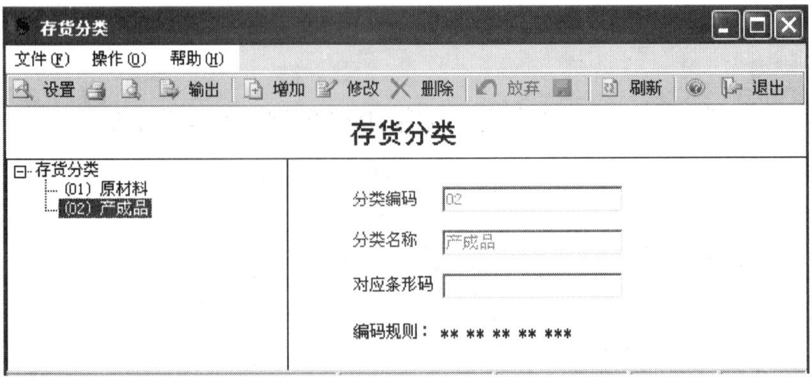

图1-2-29　【存货分类】窗口

（4）执行【基础档案】|【存货】|【计量单位】|【分组】命令，设置名为"无换算单位组"的存货计量单位组，如图 1 - 2 - 30 所示。

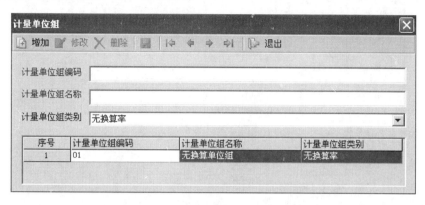

图 1 - 2 - 30 计量单位分组窗口

（5）执行【基础档案】|【存货】|【计量单位】|【单位】命令，将表 1 - 2 - 5 所列计量单位"千克"和"件"加入该组，如图 1 - 2 - 31 所示。

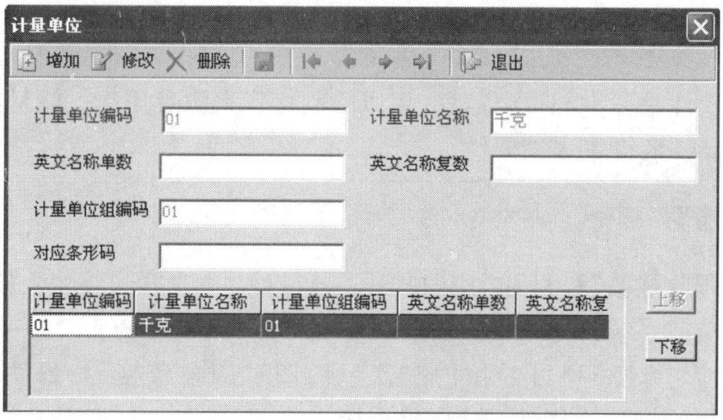

图 1 - 2 - 31 增加计量单位窗口

（6）执行【基础档案】|【存货】|【存货档案】|【增加】命令，录入表 1 - 2 - 5 所列存货目录形成系统存货档案，如图 1 - 2 - 32 和图 1 - 2 - 33 所示。

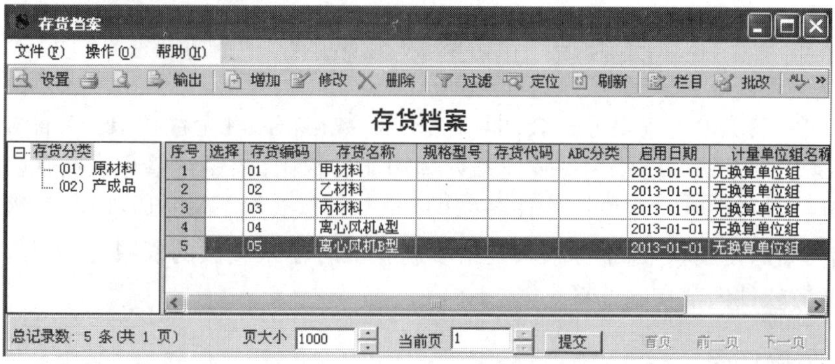

图 1 - 2 - 32 【存货档案】窗口

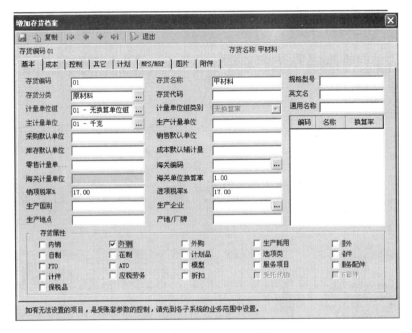

图 1 - 2 - 33 【增加存货档案】窗口

注意:存货属性是存货的重要信息,用以限制存货来源及用途。原材料一般都应设置外购属性,产成品一般设置内销属性。

四、任务练习

(1) 修改"预收账款"科目和"应收票据"科目使之按"客户往来"进行辅助核算,受控系统默认为【应收系统】。

(2) 修改"应付账款"科目、"预付账款"科目和"应付票据"科目使之按"供应商往来"进行辅助核算,受控系统默认为【应付系统】。

(3) 按表 1 - 2 - 6 所列会计账户在会计科目档案中增设、修改、删除会计科目。

(4) 完成"付款凭证"和"转账凭证"的限制类型和限制科目的设置。

(5) 完成结算方式的设置。

任务三 设置数据权限

财务软件系统中的权限分三级,即功能权限、数据权限和金额权限。功能权限是指能够登录财务软件系统并能使用一定业务处理功能的权限,由系统管理员或账套主管在系统管理模块中设置,已经在模块一任务二"用户与权限设置"部分详细介绍;数据权限主要指基础档案的使用权限;金额权限是指填制凭证时输入金额的权限。三级权限逐级控制,形成财务软件内部控制体系。

一、明确任务

南京钟山机械设备有限公司财务部严格执行岗位责任制,规定:张瑙清负责编制收款凭证和付款凭证,审核转账凭证,并登记各类账簿;赵子息除出纳业务外,还负责编制转账凭证;钱有才负责审核收款凭证和付款凭证,并承担主管签字工作。张瑙清可以使用客户档案信息。

要求:根据上述各项业务分工设置数据权限。

二、知识准备

1. 数据权限等级

各项基础档案信息构成一系列二维表格,每一张表格(如客户档案信息表),每行就是一个客户记录,每一栏就是一个信息项目,有时为了保密起见,客户档案信息表中每一客户,甚至一系列客户的某些信息项目的阅读权限都要加以限制,表中的行和栏在数据库技术中分别称为"记录"和"字段",因此,数据权限又分"记录级"权限和"字段级"权限两个维度,设置数据权限时要考虑这两个维度。

2. 数据权限控制

功能权限是数据权限的前提,前者好比能进入办公室的大门,后者好比能阅读办公室里的资料。要授予某职员数据权限,应先授予其功能权限。在设置数据权限前应先确定哪些信息需要进行权限控制,即数据权限控制设置。用友系统可以进行控制的基础数据主要有部门、科目、凭证类别、工资权限等。

账套主管登录企业应用平台,在业务导航图【系统服务】页签的【权限】项中可以看到数据权限管理的各项功能,如图1-2-34所示。在【数据权限控制设置】对话框中浏览或设置需要控制的业务对象,如图1-2-35所示。

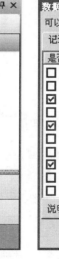

图1-2-34　【系统服务】页签　　　　图1-2-35　【数据权限控制设置】对话框

3. 数据权限分配

按照业务分工将需要进行权限控制的基础档案(如凭证类别、科目、用户等)的使用权限授予相关财务业务人员。南京钟山机械设备有限公司财务部岗位责任制涉及的数据权限主要有凭证类别、用户、工资权限等。

三、工作过程

1. 设置记账凭证编制权限

(1)打开【数据权限控制设置】对话框,从【记录级】业务对象中勾选【凭证类别】选项(见图1-2-35)。

(2)双击【数据权限分配】功能项,打开【权限浏览】窗口,选择业务对象为【凭证类别】,用户为【张瑙清】,如图1-2-36所示。

图1-2-36 【权限浏览】窗口(1)

(3)单击【授权】按钮,在弹出的【记录权限设置】窗口中,默认【查询】、【录入】权限项,选择【收款凭证】、【付款凭证】,单击 > 按钮,将【收款凭证】与【付款凭证】从【禁用】列表移至【可用】列表,单击【保存】按钮,如图1-2-37所示。

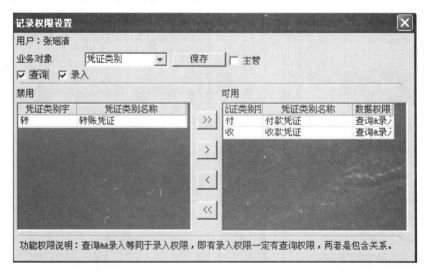

图1-2-37 【记录权限设置】窗口(凭证类别)

至此,如果执行【总账】|【设置】|【选项】|【权限】命令,勾选【制单权限控制到凭证类别】选项,那么张瑙清就拥有了收款凭证与付款凭证的录入权限和查询权限。

2. 设置记账凭证审核权限

授予张瑙清审核转账凭证的权限,只需在如图1-2-37所示的窗口中保留【查询】选项,去除【录入】选项,将转账凭证从【禁用】列表移至【可用】列表即可。

如果进一步限制张瑙清只能审核赵子息填制的转账凭证,还需加授张瑙清用户权限,将赵子息作为用户授权张瑙清,在如图1-2-32所示的【权限浏览】窗口单击【业务对象】列表框按钮,在弹出的【业务对象】列表中选择【用户】,单击【授权】按钮,保留【查询】、【审核】和【弃审】选项,去除【删改】与【撤销】选项,将【赵子息】从【禁用】列表移至【可用】列表,如图1-2-38所示,单击【保存】按钮即可。

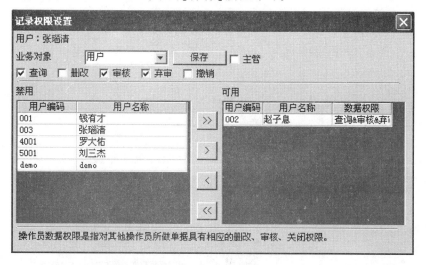

图1-2-38 【记录权限设置】窗口(用户)

此时,若执行【总账】|【设置】|【选项】|【权限】命令,勾选【凭证审核控制到操作员】选项,则限制张瑙清只能审核赵子息填制的转账凭证。

3. 设置客户档案使用权限

客户档案使用权限的设置过程比较复杂,要按"分组—分配—授权"的流程进行。

(1)在业务导航视图中执行【系统服务】|【权限】|【数据权限控制设置】命令,打开【数据权限控制设置】对话框,在【记录级】页签中勾选【客户档案】选项。

(2)在业务导航视图中执行【系统服务】|【权限】|【数据权限分配】命令,在打开的【权限浏览】窗口选择业务对象为【客户档案】,用户定为【张瑙清】,如图1-2-39所示。

图1-2-39 【权限浏览】窗口(2)

(3)单击【分组】按钮进行客户权限分组设置,公司的客户权限可按所在城市分为"南京""上海""苏州"三个组,如图1-2-40所示。

(4)单击【分配】按钮进行客户权限分配设置,可以选择按分类或档案将客户权限划归某个权限分组,如图1-2-41所示,为按档案分配客户权限的档案分配窗口。

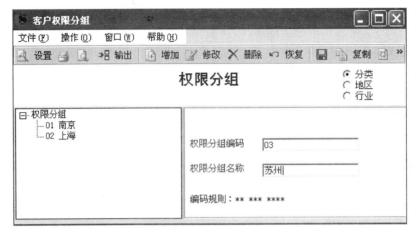

图 1 - 2 - 40 【权限分组】窗口

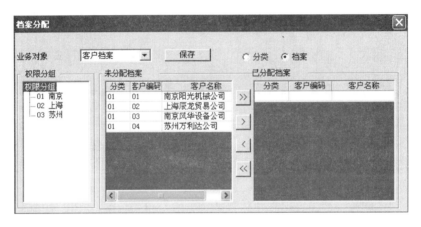

图 1 - 2 - 41 【档案分配】窗口(1)

若在【权限分组】列表中选择【南京】组,分别双击【未分配档案】中的【南京阳光机械公司】【南京风华设备公司】,或单击选择后按移动按钮 ⟩ ,再单击【保存】按钮,则完成部分客户档案权限的分配设置,图 1 - 2 - 42 所示。

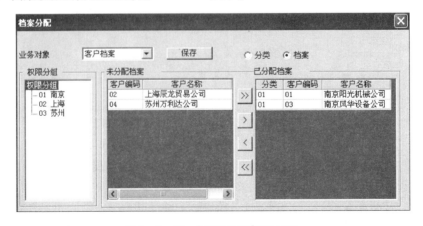

图 1 - 2 - 42 【档案分配】窗口(2)

（5）关闭【档案分配】窗口,返回【权限浏览】窗口,单击【授权】按钮,在【记录权限设置】窗口将客户档案权限按权限分组授予用户张瑙清,并保存,如图 1 –2 –43 所示。

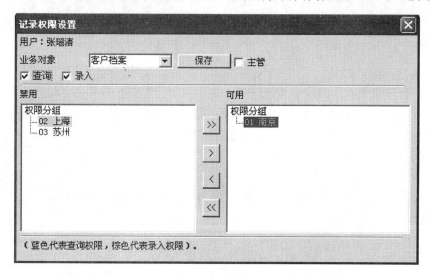

图 1 –2 –43　【记录权限设置】窗口（客户档案）

供应商档案和存货档案数据权限设置过程与此类似,在此不再赘述。

四、任务练习

（1）钱有才填制与审核记账凭证是否也需要授权处理？为什么？

（2）授予赵子息转账凭证的编制权限。

（3）授予赵子息供应商档案使用权限。

项目二 账务处理

2

账务系统是财务软件的核心系统之一。企事业单位可以借助账务系统进行记账凭证处理、账簿处理、出纳管理及期末业务处理等。在业务处理过程中,可以随时查询包括未登账业务信息在内的所有账表,让会计信息使用者及时了解企业运营的相关信息。

[**项目具体目标**]

- 熟悉账务系统选项设置;
- 能录入账务系统期初余额,完成手工账与财务软件之间的数据对接;
- 熟练填制记账凭证;
- 熟练进行各项签字;
- 能根据银行对账单进行银行对账;
- 能根据需要准确查询各种账簿。

[**项目工作过程**]

- 设置账务系统选项;
- 录入账务系统期初余额;
- 填制、修改、查询与审核记账凭证;
- 凭证记账;
- 查询账簿;
- 出纳业务处理;
- 期末业务处理。

模块一 账务处理系统初始化

在使用账务系统处理会计业务之前,我们需要根据企事业单位的具体核算要求,正确设置账务系统的工作方式,如记账凭证需经过哪些人的签字、凭证与账簿输出的格式等。此外,在使用财务软件处理经济业务之前,如果核算单位已经产生了一定的账户余额数据,为了保证新系统的数据能与原系统数据的衔接,保持账簿数据的连续性和完整性,我们还要将各账户的年初余额或启用月份的月初余额,以及年初到该月的累计发生额输入到账务系统中。我们把这些设置系统工作参数和录入期初余额的工作称作系统初始化。

学习目标

1. 正确理解总账各项参数的含义;
2. 能根据要求正确设定总账选项;

3. 正确理解账务系统期初数据的含义；

4. 能根据手工账在财务软件中正确录入账务系统期初数据。

工作过程

1. 设置账务系统选项；

2. 录入账务系统期初余额。

任务一 设置账务系统选项

账务系统正确启用之后，需要根据核算单位的要求，正确设置账务系统选项。

一、明确任务

南京钟山机械设备有限公司在会计核算与管理过程中有以下规定：

（1）要求签发支票时在支票登记簿中进行登记。

（2）在使用某一资金及往来科目制单的过程中，如果出现余额为负数的情况，系统需立即进行提示。

（3）可以在账务系统中使用应收应付系统的受控科目。

（4）记账凭证的编号由软件系统自动生成。

（5）制单过程中涉及现金流量科目时，要求录入现金流量项目。

（6）可以查询其他人填制的记账凭证。

（7）不允许财务软件操作人员修改、作废其他人填制的记账凭证。

（8）要求打印记账凭证时将制单人、出纳、审核人、记账人的姓名带出。

（9）查询明细账时，只能查询到数据权限中指定科目的明细账。

要求：根据该公司的核算规定对其账务系统选项进行设置，使账务系统的工作方式满足该公司业务处理的个性化需求。

二、知识准备

在用友 U8 系统中，账务系统的选项分为凭证、账簿、会计日历、权限等选项。

1. 凭证选项

凭证选项主要用于设置在填制记账凭证时，系统应该对哪些操作进行控制。企业可以根据自身的业务流程和对工作控制的要求来设置选项。此处对几个常用选项予以介绍。

（1）制单序时控制：此项和【系统编号】选项联用。选中该选项后，制单时凭证编号必须按日期顺序排列。例如，10 月 15 日时某一类记账凭证编至 28 号凭证，则 10 月 16 日只能开始编制 29 号凭证，即记账凭证必须根据制单日期由小到大按顺序连续编号。

（2）支票控制：若选择此项，在制单时使用银行科目编制凭证时，系统针对票据管理的结算方式进行登记，如果录入支票号在支票登记簿中已经存在，系统提供已登记支票报销的功能；否则，系统提供登记支票登记簿的功能。

（3）赤字控制：若选择了此项，在制单时，当【资金及往来科目】或【全部科目】的最新余额出现负数时,系统将予以提示。若选择【提示】选项,系统仅提示该科目余额出现负数,但仍然可以保存凭证;若选择【严格】选项,系统将不允许保存该凭证。

(4) 可以使用应收受控科目:若某科目为应收款系统的受控科目(如[应收账款]等),为了防止重复制单及总账与应收款系统对账不平之类问题的出现,只允许应收系统使用此科目进行制单,总账系统是不能使用此科目制单的。如果希望在总账系统中也能使用这些科目填制记账凭证,则应选择此项。【可以使用应付受控科目】及【可以使用存货受控科目】的含义与本选项基本类似,此处不再赘述。

(5) 自动填补凭证断号:如果选择【凭证编号方式】为【系统编号】,则在新增凭证时,系统按凭证类别自动查询本月的第一个断号(一般在整理作废凭证时产生)默认为本次新增凭证的凭证号。如无断号则为新号,与原编号规则一致。

(6) 凭证编号方式:系统在【填制凭证】功能中一般按照凭证类别按月自动编制凭证编号,即【系统编号】;但有的企业需要系统允许在制单时手工录入凭证编号,即【手工编号】。

2. 凭证打印选项

(1) 合并凭证显示、打印:选择此项,则在填制凭证、查询凭证、出纳签字和凭证审核时,以系统选项中的设置显示;在科目明细账显示或打印时凭证按照【按科目、摘要相同方式合并】或【按科目相同方式合并】合并显示,并在明细账显示界面提供是否【合并显示】的选项。

(2) 打印包含科目编码:如果选择该选项,在打印凭证时,凭证中会计科目的编码也自动带出。

(3) 凭证、正式账每页打印行数:【凭证打印行数】可对凭证每页的行数进行设置;【正式账每页打印行数】可对明细账、日记账、多栏账的每页打印行数进行设置。双击表格或按空格对行数直接修改即可。

3. 权限选项

(1) 制单权限控制到科目:要在系统管理的【功能权限】中设置科目权限,再选择此项,权限设置才能生效。选择此项,则在制单时,操作员只能使用具有相应制单权限的科目制单。

(2) 制单权限控制到凭证类别:要在系统管理的【功能权限】中设置凭证类别权限,再选择此项,权限设置有效。选择此项,则在制单时,只显示此操作员有权限的凭证类别。同时在凭证类别参照中按人员的权限过滤出有权限的凭证类别。

(3) 操作员进行金额权限控制:选择此项,制单时可以对不同级别的人员进行金额大小的控制。例如,财务主管可以对 10 万元以上的经济业务制单,一般财务人员只能对 5 万元以下的经济业务制单,这样可以减少由于不必要的责任事故带来的经济损失。如为外部凭证或常用凭证调用生成,则不做金额控制。另外,结转凭证也不受金额权限控制。

(4) 凭证审核控制到操作员:如只允许某操作员审核其本部门操作员填制的凭证,则应选择此选项。

(5) 出纳凭证必须经由出纳签字:若要求现金、银行科目凭证必须由出纳人员核对签字后才能记账,则选择此选项。

(6) 凭证必须经由主管会计签字:如要求所有凭证必须由主管签字后才能记账,则选择此选项。

（7）可查询他人凭证：如允许操作员查询他人凭证，则选择此选项。

（8）允许修改、作废他人填制的凭证：若选择了此项，在制单时可修改或作废别人填制的凭证，否则不能修改。

4. 账簿选项

（1）打印位数宽度：定义正式账簿打印时各栏目的宽度，包括摘要、金额、外币、数量、汇率、单价。

（2）明细账（日记账、多栏账）打印方式：打印正式明细账、日记账或多栏账时，按年排页还是按月排页。

① 按月排页：打印时从所选月份范围的起始月份开始将明细账顺序排页，再从第一页开始将其打印输出，打印起始页号为"1页"。这样，若所选月份范围不是第一个月，则打印结果的页号必然从"1页"开始排。

② 按年排页：打印时从本会计年度的第一个会计月开始将明细账顺序排页，再将打印月份范围所在的页打印输出，打印起始页号为所打月份在全年总排页中的页号。这样，若所选月份范围不是第一个月，则打印结果的页号有可能不是从"1页"开始排。

（3）凭证、账簿套打：软件根据预置的标准表格线，直接将凭证、账簿的数据打印到相应的纸张上，而不打印各种表格线。这样既美观，又可以节省时间。

① 凭证套打分为金额式和外币数量式凭证。

② 明细账套打分为金额式明细账、外币式明细账、数量式明细账。

③ 日记账套打分为金额式日记账、外币金额式日记账。

④ 多栏账套打只有金额式多栏账。

（4）凭证、正式账每页打印行数：【凭证打印行数】可对凭证每页的行数进行设置；【正式账每页打印行数】可对明细账、日记账、多栏账的每页打印行数进行设置。双击表格或按空格对行数直接修改即可。

5. 会计日历选项

在【会计日历】选项卡中，可以查看账套的启用会计年度和启用日期，以及各会计期间的起始日期与结束日期。需要注意的是，此处只能查看会计日历信息，如需修改，应在系统管理中实现。

三、工作过程

根据南京钟山机械设备有限公司的核算要求设置账务系统选项。

1. 设置凭证选项

登录总账系统，执行【设置】|【选项】命令，打开【选项】对话框，选择【凭证】选项卡，单击【编辑】按钮，进行凭证参数设置，如图2-1-1所示。

2. 设置权限选项

单击【权限】选项卡，进行权限参数设置，如图2-1-2所示。

3. 设置凭证打印选项

单击【凭证打印】选项卡，进行打印设置，然后单击【确定】按钮，如图2-1-3所示。

图 2-1-1 【选项】对话框(凭证参数设置)

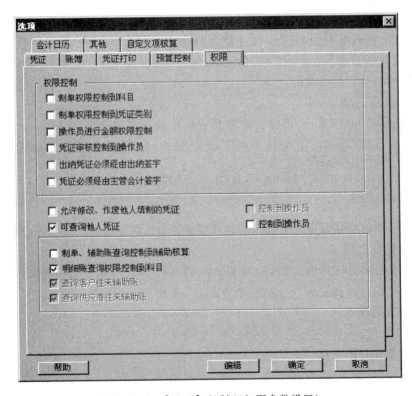

图 2-1-2 【选项】对话框(权限参数设置)

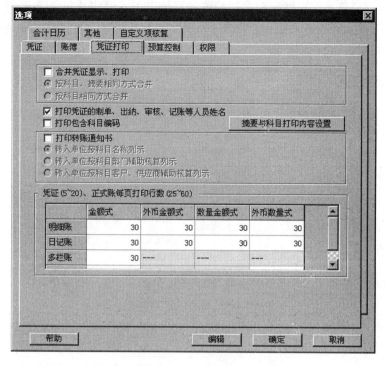

图 2-1-3 【选项】对话框(凭证选项设置)

除凭证、权限和凭证打印选项卡之外,ERP U8.72 总账系统选项中还设置了账簿和会计日历等选项卡。在账簿选项卡中,用户可以根据企业的要求设置账簿打印的格式。在会计日历选项卡中,用户可以查看账套启用年度、启用日期以及行业性质等相关信息,但不能进行修改。如果启用日期出错,可以在企业应用平台的【基础设置】|【基本信息】|【系统启用】功能中将总账系统取消启用后,然后重新以正确日期启用。如果在建账过程中选错"行业性质",需要在系统管理中通过修改账套进行改正。

四、任务练习

对南京钟山机械设备有限公司账套中的账务系统进行选项设置:

(1)制单时要求记账凭证由系统编号,并要求序时控制。

(2)制单过程中当任意科目余额为负时,都不允许保存凭证。

(3)记账凭证必须经主管签字。

(4)制单时如果涉及银行存款科目,要求录入对应结算方式的票据号。

(5)凭证审核人员只能审核指定制单人填制的凭证。

(6)不允许修改其他人填制的记账凭证。

(7)打印日记账时要求按年份排页。

任务二　录入账务系统期初余额

为了保证新上线的财务软件系统跟原有系统或手工账数据的衔接,在应用账务系统处理业务前,需要将各账户的年初余额或账务系统启用月份的月初余额,以及年初到该月的累计发生额录入到账务系统中。用友 U8 系统中账务系统【期初余额】功能包括期初余额的录入和核对,以及试算平衡。

一、明确任务

南京钟山机械设备有限公司 2013 年年初部分账户余额数据见表 2－1－1 ~ 表 2－1－3。

表 2－1－1

账户名称	借方余额	账户名称	贷方余额
库存现金	1 006	短期借款——工商银行	60 000
银行存款——工商银行	316 700	应付账款	580 000
应收账款	478 000	应交税费	45 000
在途物资	85 000	——未交增值税	34 500
——甲材料	45 000(360 千克,125 元/千克)	——应交营业税	10 500
——乙材料	40 000(400 千克,100 元/千克)	应付利息	3 406
固定资产——生产经营用固定资产	618 500	实收资本	577 220
累计折旧	－128 000	资本公积——资本溢价	95 000
无形资产——商誉	50 000	盈余公积——法定盈余公积	60 580
合计	1 421 206	合计	1 421 206

表 2－1－2　应收账款辅助账期初余额表

日期	客户	摘要	方向	业务员	期初余额
2012.9.15	上海辰龙贸易公司	应收款	借	罗大佑	138 000
2012.11.20	南京风华设备公司	应收款	借	罗大佑	110 000
2012.12.8	南京阳光机械公司	应收款	借	罗大佑	230 000

表 2－1－3　应付账款辅助账期初余额表

日期	供应商	摘要	方向	期初余额
2012.11.15	南京苏豪电器	应付款	贷	240 000
2012.11.28	安徽泰达公司	应付款	贷	180 000
2012.12.17	南京富顺公司	应付款	贷	160 000

二、知识准备

(1) 该账务系统中的期初余额是指系统启用之前的科目余额,系统启用后的第一个月应按照整理出的科目余额表在系统中录入。账务系统结账后期初余额不再允许修改、录入。

(2) 如果是年中建账,比如 6 月开始使用账务系统,建账月份为 6 月,可以录入 6 月初的期初余额及 1 ~ 6 月的借、贷方累计发生额,系统自动计算年初余额;若是年初建账,只需录入年初余额。

（3）输入科目余额前必须注意余额方向。可以通过【方向】功能改变科目余额的方向（将"借"改为"贷"或将"贷"改为"借"）。如果科目的余额方向不能改变,可以将余额前加一个负号（"－"）表示。

（4）只需录入最末级科目的余额和累计发生数,上级科目的余额和累计发生数由系统自动计算。

（5）在录入某科目的期初余额时,如果该科目涉及辅助核算,则必须录入辅助账的期初数据,系统会自动将辅助账的期初数据合计数作为该科目的期初余额。如往来科目（含个人往来、客户往来、供应商往来账类的科目）应输入期初往来未达项,数量核算科目在录入期初余额时系统会自动要求录入期初数量。

（6）期初余额录入完成后,需要进行上下级科目间余额的试算平衡及一级科目余额试算平衡,以保证初始数据的准确性。账务系统的试算平衡由计算机自动进行。【试算】功能可以显示期初试算平衡表,显示试算结果是否平衡,如果不平,需重新检查调整。

三、工作过程

在账务系统中录入南京钟山机械设备有限公司的期初数据。

1. 录入一般核算科目的期初余额

执行【设置】|【期初余额】命令,打开【期初余额录入】窗口。将光标定位在需要录入期初余额的末级科目对应的【期初余额】单元格（系统中以白色背景色区分）,根据余额表录入余额,完成后按回车键,将光标定位在下一个科目余额单元格,继续录入,如图2-1-4所示。

科目名称	方向	币别/计量	期初余额
库存现金	借		1,006.00
银行存款	借		316,700.00
工商银行	借		316,700.00
存放中央银行款项	借		
存放同业	借		

图2-1-4　无辅助核算科目的期初余额录入

注意:非末级科目的期初余额由系统自动根据其所有末级科目的期初余额汇总带入。

2. 录入辅助核算科目的期初余额

1）往来辅助核算的科目

此任务中涉及辅助核算的科目有两类。一类是进行往来辅助核算的科目,如应收账款等科目,这类科目的期初余额录入方法是:双击辅助科目期初余额所对应的单元格（系统中以黄色背景色区分）,打开【辅助期初余额】窗口,单击工具栏上的【往来明细】按钮,打开【期初往来明细】录入窗口,根据给出的资料,依次录入相关期初数据后,单击【汇总】按钮,将期初余额明细汇总计入辅助期初余额表,然后单击【退出】按钮返回总账期初录入界面（见图2-1-5和图2-1-6）。

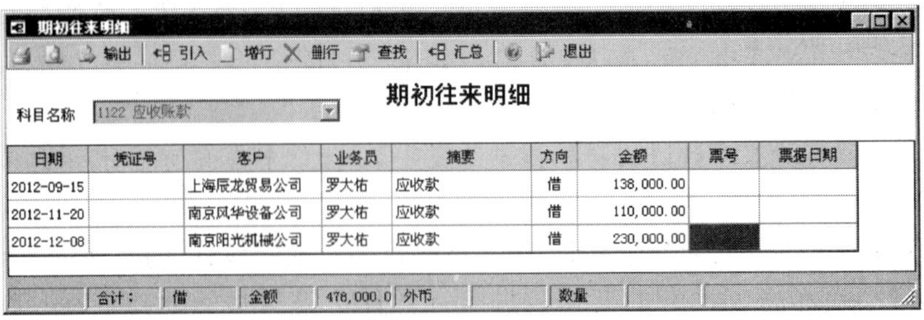

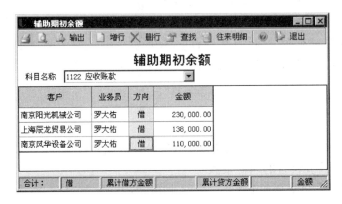

图 2 - 1 - 5　应收账款期初往来明细录入

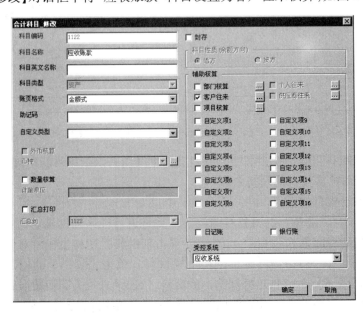

图 2 - 1 - 6　应收账款辅助期初余额汇总

注意：

① 在录入辅助核算科目期初余额前,必须先为科目设置辅助核算。如应收账款为客户往来核算,在录入其期初余额前,必须执行【基础档案】|【财务】|【会计科目】命令,在【会计科目_修改】对话框中将"应收账款"科目设置为客户往来核算,如图 2 - 1 - 7 所示。

图 2 - 1 - 7　应收账款科目设置

②如果在未设置辅助核算的前提下录入了账务系统科目余额,则需先删除科目余额,再设置辅助核算,然后录入辅助账余额。

③如果在未设置往来辅助核算的前提下录入了余额,然后又设置了往来核算,录入了辅助账期初余额,则科目余额会因为重复录入而翻倍,造成余额录入错误。修改期初余额的方法是:删除辅助账期初余额,执行【基础档案】|【财务】|【会计科目】命令,在【会计科目_修改】对话框中将"应收账款"科目的客户往来核算标志取消,再按照②中所述方法修改科目余额。

④辅助账中的业务员信息如需输入,必须先为其设置"业务员"身份,即在【人员档案】窗口中将业务员的档案打开,将【是否业务员】选项选中。

⑤在录入辅助账期初数据过程中,如果没有录完必输项就要退出录入界面,可以按Esc键退出。

2) 数量核算科目

此任务中的另一类辅助核算科目为数量核算科目,如在途物资科目。这类科目的期初余额录入方法为:先录入科目期初余额,然后在下一行录入数量,如图2-1-8所示。

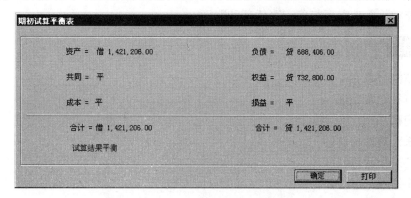

图2-1-8 在途物资期初余额录入

注意:存货科目的数量辅助核算可以通过执行【基础档案】|【财务】|【会计科目】命令来设置。

3. 试算平衡

双击【试算】按钮,可查看期初余额试算平衡表,检查余额是否平衡,如图2-1-9所示。

图2-1-9 期初余额试算平衡表

四、任务练习

在账务系统中录入表2－1－4中各科目的期初余额并试算平衡。

表2－1－4　期初余额

账户名称	借方余额	账户名称	贷方余额
应收票据(南京阳光机械公司)	20 000	应付票据(南京苏豪电器)	120 000
其他应收款 ——应收职工欠款	7 500	预收账款(苏州万利达公司)	100 000
(杨关事)	2 000	长期借款——南京万达银行	315 000
(罗大佑)	5 500	资本公积	42 100
库存商品	570 000	——股权投资准备	42 100
——离心风机A型	240 000(800件)	盈余公积	20 400
——离心风机B型	330 000(600件)	——法定公益金	20 400

模块二　日常业务处理

账务系统初始化完成后,就可以使用账务系统处理日常经济业务了。账务系统可以处理的业务类型包括:记账凭证的填制、签字、查询、作废、删除、记账、打印;出纳管理;账簿查询与打印等。

学习目标

1. 能根据特定的经济业务正确填制记账凭证;
2. 能按照记账凭证传递的顺序进行各项签字;
3. 会查询符合特定条件的记账凭证;
4. 会作废整理凭证;
5. 能根据银行对账单进行银行对账;
6. 能根据需要准确查询各种账簿;
7. 能根据管理需要打印记账凭证和账簿。

工作过程

1. 填制记账凭证;
2. 审核记账凭证;
3. 记账;
4. 账簿查询与打印;
5. 往来账管理;
6. 出纳业务。

任务一 填制记账凭证

企业发生经济业务后,应根据原始凭证等依据填制记账凭证。使用财务软件处理账务后,电子账簿与会计报表的数据完全根据记账凭证数据产生,因此账簿与报表数据的准确性与完整性完全取决于记账凭证,这就要求我们在填制记账凭证时要准确、完整。

一、明确任务

2013年1月1日,从南京富顺公司购入甲材料80千克,已全部入库,取得金额为10 000元的普通发票一张,款项已开具工商银行转账支票付清,票号为3354。要求张瑶清根据采购发票、入库单和转账支票存根各一张,使用账务系统直接填制该业务的记账凭证。

任务分析:根据会计知识,该任务需要填制一张付款凭证,会计分录为:

借:原材料——甲材料　　　　　10 000

　　贷:银行存款——工商银行　　　　10 000

二、知识准备

使用财务软件填制记账凭证与手工填制方法类似,需要录入凭证头与凭证正文两部分。凭证头部分包括凭证类别、编号、日期与附件张数,凭证正文包括摘要、科目、方向、金额与辅助核算内容。

(1)凭证类别:从基础档案中设置的凭证类别中选择。

(2)凭证编号:如果采用系统自动编号,计算机自动根据凭证类别按月对凭证进行流水编号。编号由凭证类别编号和凭证顺序编号组成。系统允许的最大凭证号为32767。

(3)凭证日期:制单日期,凭证选项中可以设置取当前业务日期(登录账务系统的日期)或新增凭证类别最后一张日期为记账凭证填制的日期,可修改。

(4)附件张数:本张记账凭证所付原始凭证的张数。

(5)凭证摘要:本凭证所反映的经济业务内容的说明,可以自行输入,也可以从已经建好的常用摘要中选入。

(6)会计科目:根据基础档案中会计科目表中已有的科目录入,若科目表中没有要使用的科目,需要先在科目表中增加。

(7)凭证一旦保存后,其凭证类别和编号不再允许修改。

三、工作过程

1. 录入记账凭证

(1)登录总账系统,执行【凭证】|【填制凭证】命令,打开【填制凭证】窗口。

(2)双击工具栏上的【增加】按钮或按F5键,增加一张新凭证。

(3)在【凭证类别】下拉列表中选择【付款凭证】,【制单日期】处输入【2013.01.01】,【附单据数】处输入"3"。

(4)将光标定位在第一行会计分录摘要处,输入摘要"购入甲材料",按回车键,光标自动跳转到【科目名称】处,单击参照按钮选择"原材料——甲材料"科目,按回车键后,系统自动弹出【辅助项】对话框,输入购入材料的数量和单价,如图 2-2-1 所示。

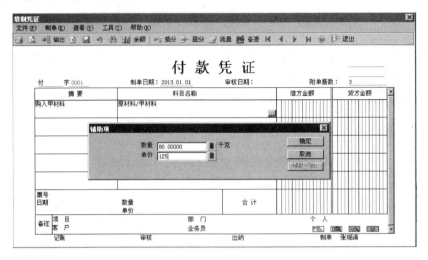

图 2-2-1　数量核算辅助项

　　(5) 按下回车键,光标跳转到【借方金额】处,系统已自动根据辅助项信息计算出借方金额为 10 000 元,按回车键后,继续输入第二行分录信息。进入第二行后,系统会自动带出上一行分录中的摘要,可以选择修改或保留摘要内容。录入"银行存款——工商银行"科目按回车键后,系统会自动弹出结算方式辅助项,根据任务要求填写结算方式等辅助项信息后,再录入贷方金额 10 000 元。

　　(6) 检查后,即可单击【保存】按钮或按 F6 键保存该凭证。操作结果如图 2-2-2 所示。

图 2-2-2　填制记账凭证

注意:

　　① 录入科目金额时,如果将金额方向录错,可以通过单击金额,按下空格键进行调整。

　　② 辅助项信息漏登时,可以将光标定位在凭证中该辅助项所对应的科目处,然后用

鼠标指向凭证上的辅助信息，当光标变成笔的形状时双击左键，在弹出的【辅助项】对话框中进行补登即可。如录入"银行存款"科目时，如果没有录入结算信息，可以将光标定位在"银行存款"科目上，然后鼠标指向"票号"处，当鼠标变成笔形时双击，在打开的对话框中可以录入结算信息。

③ 摘要既可以使用上述方法直接录入，也可以从常用摘要中选入，前提是需要先在基础档案中增加常用摘要。过程如下：

首先，执行【基础档案】|【其他】|【常用摘要】命令，打开【常用摘要】对话框。

其次，双击【增加】按钮，新增一条常用摘要信息。依次录入摘要编码、摘要内容及核算科目，如图2-2-3所示。

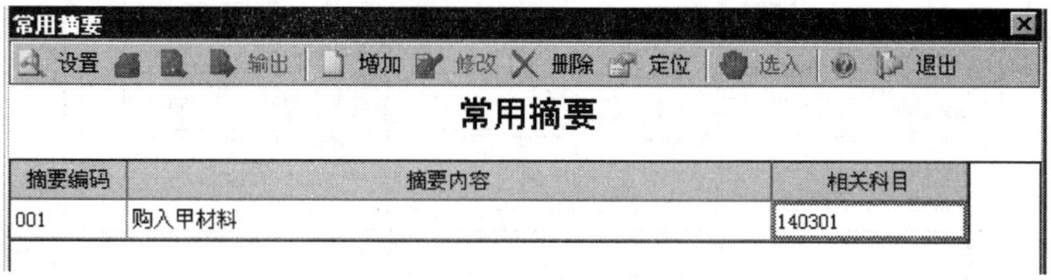

摘要编码	摘要内容	相关科目
001	购入甲材料	140301

图2-2-3　增加常用摘要

最后，在凭证中录入摘要信息时，直接按F2键或参照按钮打开常用摘要列表，选择需要的摘要，双击【选入】按钮，即可将常用摘要载入凭证。

④ 如果某些业务是企业中发生频率很高的，所对应的记账凭证类似，那我们还可以通过常用凭证来减小填制凭证的工作量。过程如下：

首先，执行【凭证】|【常用凭证】命令，打开【常用凭证】对话框。

其次，双击【增加】按钮，新增一条常用凭证的基本信息。依次录入编码、说明、凭证类别和附单据数。其中说明是对该常用凭证的描述，系统会自动将其作为该常用凭证的摘要，如图2-2-4所示。

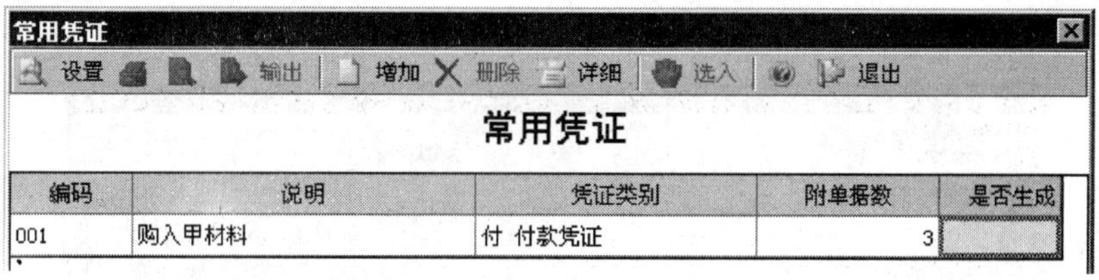

编码	说明	凭证类别	附单据数	是否生成
001	购入甲材料	付 付款凭证	3	

图2-2-4　常用凭证基本信息录入

再次，双击【详细】按钮，在打开的对话框中双击【增加】按钮，继续录入该常用凭证的详细信息，如图2-2-5所示。

最后，当业务发生时，执行【凭证】|【填制凭证】命令，打开【填制凭证】窗口，按下F4键或通过执行【制单】|【调用常用凭证】命令，打开【调用常用凭证】对话框，输入凭证代号（常用凭证编号）或通过参照选入常用凭证，然后补录相关信息后即可保存生成凭证。

2. 修改记账凭证

执行【凭证】|【填制凭证】命令，找到需要修改的凭证，可以对除凭证类别外的凭证要素直接进行修改，修改后单击【保存】按钮保存修改过的凭证。

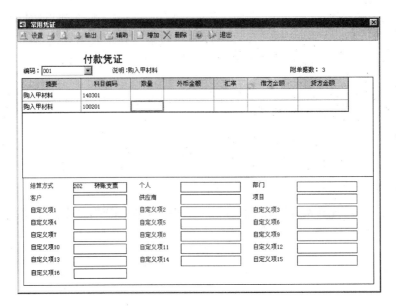

图 2 - 2 - 5 常用凭证详细信息录入

注意：

① 系统默认可以修改、作废他人制作的记账凭证，但也可以设置为只可修改本人制作的记账凭证。

② 已经审核、出纳、主管等人员签字的记账凭证不可以修改。

3. 查询记账凭证

以查询 2013 年 1 月份凭证编号为 0001 的付款凭证为例，具体操作过程如下。

执行【凭证】|【查询凭证】命令，打开【凭证查询】对话框，从【凭证类别】下拉列表中选择【付款凭证】，然后选中【月份】选项，在【月份】下拉列表中选择【2013.01】，【凭证号】范围输入"0001 - 0001"，如图 2 - 2 - 6 所示。单击【确定】按钮，符合条件的凭证就会显示出来。

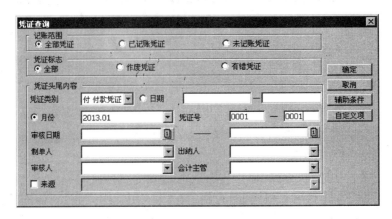

图 2 - 2 - 6 查询凭证

注意：如果不录入任何筛选条件，系统默认查询所有凭证。

4. 作废记账凭证

若要删除已经保存但尚未审核的记账凭证,需分两步进行:第一步作废凭证,第二步整理凭证。以作废如图2-2-7所示收到货款的记账凭证为例,该凭证因凭证类别错误,无法直接修改,可以按如下步骤将其从系统中删去。

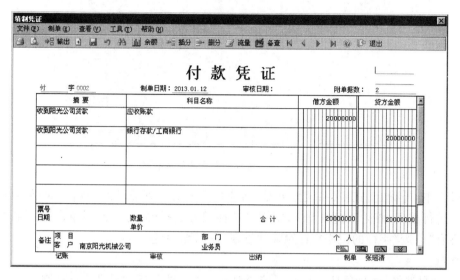

图2-2-7　错误凭证

(1) 执行【凭证】|【填制凭证】命令,打开【填制凭证】窗口,找到需要作废的凭证,执行【制单】|【作废/恢复】命令,如图2-2-8所示。凭证左上角就出现了"作废"标志,表明该凭证已作废。

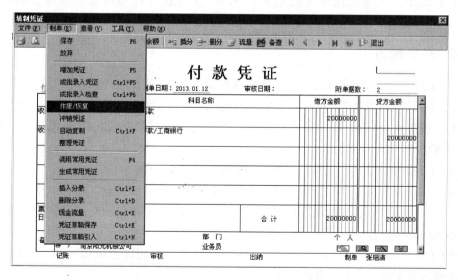

图2-2-8　作废凭证

(2) 执行【制单】|【整理凭证】命令,系统弹出【凭证期间选择】对话框,选择待整理凭证所在的会计期间,双击【确定】按钮,系统显示已作废凭证列表,在需要整理的凭证所对应的【删除】单元处双击左键,出现"Y"标记,如图2-2-9所示。

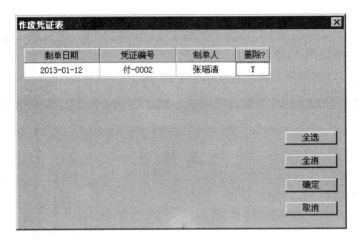

图2-2-9　选择待整理的作废凭证

（3）单击【确定】按钮,系统弹出提示框【是否还需整理凭证断号?】。如果需要对凭证断号进行整理,使凭证编号连续,则需要选择编号重排的方式,然后单击【是】按钮,系统将标有"作废"字样的记账凭证删除并重新编排凭证编号。

注意:

① 如果选择【整理凭证断号】,系统会对此后的记账凭证编号进行自动修改,因此,需特别注意。

② 若本月有凭证已记账,那么本月最后一张已记账凭证之前的凭证将不能作凭证整理,只能对其后面的未记账凭证作凭证整理。

③ 若由于手工编制凭证号造成凭证断号,也可通过此功能进行整理,方法是在图2-2-9界面中不选作废凭证,直接单击【确定】按钮即可。

四、任务练习

（1）1月2日,办公室杨关事出差预借现金800元,已凭借款单支付(单据1张)。

（2）1月5日,按合同从南京苏豪电器购入乙材料200千克,单价为120元,价款24 000元,税款4 080元,货物验收入库,价税款已经开具转账支票支付(票号为3 355)(另有采购发票与入库单据各1张)。

（3）1月8日,以现金支付购买工具款200元(单据1张)。

（4）1月9日,从工商银行提现2 000元备用,现金支票票号为1 122(单据1张)。

（5）1月10日,从安徽泰达公司购入的400千克、无税单价100元的乙材料验收入库,发票尚未收到,未付款(单据1张)。

（6）1月12日,罗大佑按合同销售给上海辰龙贸易公司离心风机A型100件,价税款合计58 500元尚未收讫(单据2张)。

（7）1月15日,杨关事报销差旅费2 400元(单据2张)。

（8）1月16日,从南京华伟贸易公司购入的400千克、单价112. 50元的甲材料验收入库(单据1张)。

（9）1月16日,收到上海辰龙贸易公司支付的离心风机价税款58 500元(单据1张)。

（10）1 月 16 日，外包厂房扩建工程领用甲材料 100 千克，发出材料的单位成本为 125 元（单据 1 张）。

要求：在建工程按项目进行辅助核算，需预设如下项目档案（见表 2 - 2 - 1）。

表 2 - 2 - 1 项目档案信息

项 目 分 类		项 目 目 录	
分类编码	分类名称	项目编号	项目名称
1	自建工程	001	设备安装
2	外包工程	002	厂房扩建

提示：创建该项目档案的基本步骤为：增加项目大类"在建工程"—按表 2 - 2 - 1 中的"项目分类"栏进行项目分类定义—按表 2 - 2 - 1 中的"项目目录"栏进行项目目录维护—指定核算科目。

（11）1 月 16 日，收到泛美集团投资资金 20 000 美元，汇率 1∶6.1（转账 ZPW001）。

要求：需要预设外币核算。

提示：使用外币核算功能须作如下设置。

① 如果在创建账套时未选择外币核算，需以账套主管身份登录系统管理，修改账套，勾选【基础信息】页面的【有无外币核算】选项。

② 进入企业应用平台，执行【基础档案】|【财务】命令，打开【外币设置】窗口，设置外币档案，如图 2 - 2 - 10 所示。

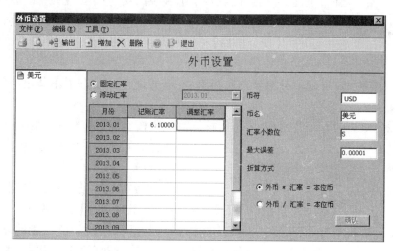

图 2 - 2 - 10 【外币设置】窗口

③ 在"银行存款"总账科目下增设核算外币的明细科目如"100202 中国银行"，并设置外币辅助核算。

④ 修改凭证类别档案，增加收款凭证限制科目"100202"。

任务二 审核记账凭证

记账凭证填制完成后，如果该凭证是出纳凭证（收付款凭证），就需要出纳员核对出纳科目对应的发生额是否正确,核对无误后签字。出纳凭证由于涉及企业现金的流入与支出,应注意加强管理。账务系统中可以通过【出纳凭证必须经由出纳签字】选项强制要求出纳签字。审查认为有错或有异议的凭证,应交由制单人员修改后再核对。经出纳人员审核签字后的记账凭证,还要交由稽核人员进行复核,主要目的是检查记账凭证是否与原始凭证相符,会计分录是否正确等。复核认为错误或有异议的凭证,应交与填制人员修改后,再进行审核。在财务软件中可以通过【审核凭证】完成复核工作。

在许多企业中,为了加强对会计人员制单的管理,已复核过的记账凭证还需要由主管会计审核签字。账务系统据此提供了【主管签字】的核算方式,即其他会计人员制作的凭证必须经主管签字才能记账。主管签字、审核凭证与出纳签字的操作方法是类似的。下面主要以出纳签字为例来讲解凭证的各项审核。

一、明确任务

南京钟山机械设备有限公司规定出纳凭证必须经过出纳签字、复核及主管签字后才能记账。

要求对图2-2-2所示的记账凭证依次进行审核以便记账。

二、知识准备

(1)出纳凭证是指带有库存现金或银行存款科目的凭证,即收付款凭证。进行【出纳签字】这一操作之前,应确保:出纳已具备出纳签字的功能权限(在系统管理中授权)和相关数据权限(具体权限分配需结合总账系统中的权限选项进行);已经分别将"库存现金"与"银行存款"科目指定为【现金科目】和【银行科目】(执行【基础档案】|【财务】|【会计科目】命令,在【会计科目】窗口指定)。

(2)出纳签字时可以填补结算方式和票号,但凭证合并状态下不能填补结算方式和票号。

(3)凭证审核的方法有两种:屏幕审核和对照审核。屏幕审核可直接根据原始凭证,对屏幕上显示的记账凭证进行审核;对照审核是通过对凭证的二次输入,由系统对比两次输入的内容,自动对凭证进行审核。

(4)复核人除了要具有审核权外,还需要有针对待审核凭证制单人所制凭证的审核权,这个权限执行【基础设置】|【数据权限】命令时在"用户"权限中设置。

(5)复核过程中发现有错可以进行【标错】处理,已标错的凭证不能被复核,若要复核,需先取消标错后才能复核。已复核的凭证不能标错。作废凭证不能被复核,也不能被标错。

(6)出纳签字、复核及主管签字的签字人均不能与制单人相同。

三、工作过程

(1)以出纳身份登录企业应用平台,执行【凭证】|【出纳签字】命令,打开【出纳签字】对话框,选择本次进行出纳签字的凭证的范围,如图2-2-11所示。

(2)选择需要出纳签字的凭证,单击工具栏上的【签字】按钮,凭证下方出纳处显示当前操作员姓名,表明这张凭证出纳已签字,如图2-2-12所示。如果要取消出纳签字,单击【取消】按钮即可取消。

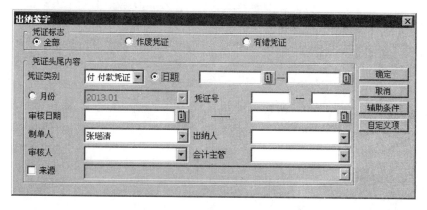

图 2-2-11 选择出纳签字凭证的范围

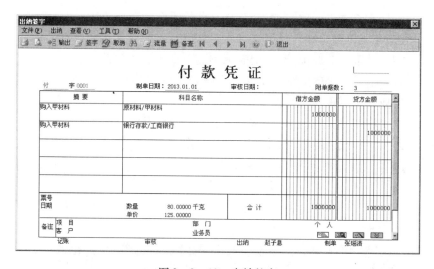

图 2-2-12 出纳签字

（3）以复核人身份登录企业应用平台，执行【凭证】|【审核凭证】命令，选择本次进行审核的凭证范围，单击【确定】按钮，打开凭证审核一览表。选择并双击鼠标左键打开需要审核的凭证，单击工具栏上的【审核】按钮，凭证下方审核处就会显示审核人的名字。

（4）以主管会计身份登录企业应用平台，执行【凭证】|【主管签字】命令，选择需要签字的凭证，单击【签字】按钮，即可完成主管签字。

注意：

① 取消签字必须由签字人本人进行。

② 对于已审核的凭证，可以进行成批签字，以提高工作效率。

③ 凭证一经审核，就不能被修改、删除，只有被取消审核签字后才可以进行修改或删除。

四、任务练习

对杨关事出差预借差旅费的凭证进行出纳签字、复核和主管签字。

<h1 style="text-align:center">任务三　记　账</h1>

记账即登记账簿,它是以会计凭证为依据,将经济业务全面、系统、连续地记录到具有账户基本结构的账簿中去,是会计核算的主要方法之一。财务软件中的记账功能,由计算机根据已审核的记账凭证,按照预设的记账程序自动进行合法性校验、科目汇总、登记入总账和明细账、日记账、部门账、往来账、项目账及备查账等。

一、明确任务

根据 2013 年 1 月份已审核的记账凭证登记账簿。

二、知识准备

(1) 使用账务系统记账分三个步骤:首先选择本次记账的范围,即要对哪些凭证进行记账;其次进行合法性校验和科目汇总,显示记账报告;最后登记账簿。

(2) 只能对已审核的凭证记账,记账范围应不大于已审核范围。

(3) 如果有借贷不平的凭证时不允许记账。

(4) 作废凭证不需审核可直接记账。

(5) 第一次记账时,若期初余额试算不平,不允许记账。

(6) 上月未记账或未结账时,本月不允许记账。

三、工作过程

(1) 执行【凭证】|【记账】命令,打开【记账】对话框,输入需要记账的凭证范围或单击【全选】按钮,如图 2 – 2 – 13 所示。

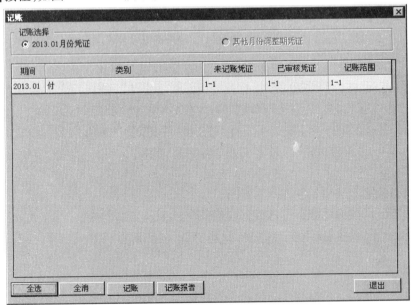

图 2 – 2 – 13　选择记账范围

注意:记账范围可以输入数字或范围,数字之间可以用"-"和",",隔开。例如,记账范围为"1-3"表示将1号至3号凭证全部记账,记账范围为"1,3"表示将1号和3号凭证记账。

(2)单击【记账】按钮,如果本次为系统启用后第一次记账,系统将首先对期初数据进行试算。如果试算结果平衡,就会显示如图2-2-14所示的试算报告。

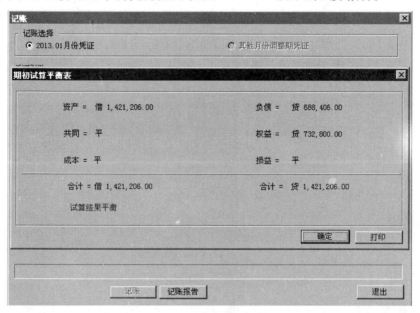

图2-2-14　试算报告

(3)单击【确定】按钮,系统将进行科目汇总并记账,记账完成后显示【记账完毕】对话框,如图2-2-15所示。单击【确定】按钮完成本次记账操作。

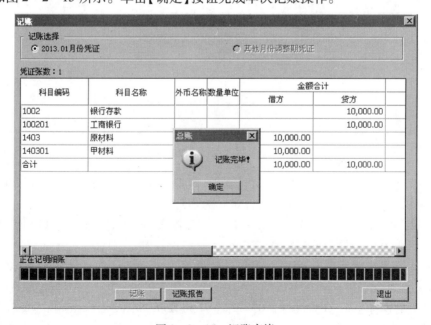

图2-2-15　记账完毕

注意：

① 如果在记账过程中,由于断电等原因造成记账错误,或者记账后发现凭证有错,需要修改,可以将系统恢复到记账前状态,修正错误后重新记账。操作过程如下：

第一步,执行【期末】|【对账】命令,打开对账窗口。

第二步,按 Ctrl + H 键,系统提示【恢复记账前状态】功能。此时在【凭证】功能菜单中会多出一个【恢复记账前状态】的菜单,双击此菜单,打开【恢复记账前状态】对话框,如图 2 - 2 - 16 所示。

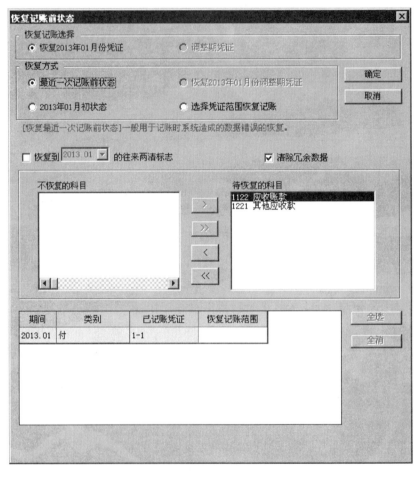

图 2 - 2 - 16　恢复记账前状态

第三步,选中【最近一次记账前状态】选项,即将系统恢复到最后一次记账前的状态,单击【确定】按钮,输入账套主管的密码,即可恢复记账。

第四步,在对账状态下重新按 Ctrl + H 键,可以隐藏【恢复记账前状态】功能菜单。

② 已结账月份的数据不能取消记账。

③ 如果凭证记账后发现错误,为了保留错误痕迹,需要使用"红字冲销法"对错误凭证进行更正。例如,2013 年 1 月 15 日,开出现金支票 3 000 元从工商银行提取现金备用。在输入该笔业务的付款凭证时,将 3 000 错输为 30 000,如图 2 - 2 - 17 所示。记账后发现错误,要求更正错误凭证。

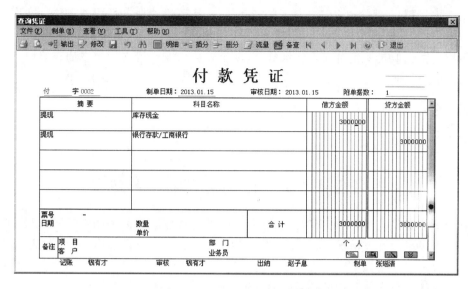

图2-2-17 已记账错误凭证

对该错误凭证可以通过红字冲销的方法进行更正,具体操作方法如下:

第一步,执行【凭证】|【填制凭证】命令,打开【填制凭证】窗口,执行【制单】|【冲销凭证】命令,系统弹出【冲销凭证】对话框,输入错误凭证所在的会计期间、凭证类别和编号,如图2-2-18所示。

第二步,单击【确定】按钮,系统自动生成一张金额为红字的冲销凭证,如图2-2-19所示。单击凭证上方的【保存】按钮进行保存。

图2-2-18 选择错误凭证进行冲销

图2-2-19 红字冲销凭证

第三步,填制一张金额为 3 000 元的蓝字凭证,正确反映业务情况。方法见本模块任务一。

【冲销凭证】功能只能冲销已记账凭证,未记账凭证发现错误后可以通过修改或作废的方法来更正。通过红字冲销法增加的凭证,应视同普通凭证进行保存和管理。

四、任务练习

对之前填制的所有未记账凭证进行记账。

任务四 账簿查询与打印

在企业日常经营过程中,管理人员需要随时了解科目的余额和明细情况,以及部门、项目等方面的费用开支情况,还需要对发生的经济业务进行查询、统计分析等,这些都可以通过查询各种账簿来实现。查询账簿是会计日常工作中的一项重要内容,账务系统中提供了对基本会计账簿和辅助核算账簿的查询输出。

一、明确任务

查询并打印输出 2013 年 1 月份总账科目的发生额(包括未登账数据)及余额、应付账款明细账,建立并查询管理费用多栏账。

二、知识准备

(1)账务系统中的总账,按总账科目分页设账。通过查询总账,不但可以查询各总账科目的年初余额、各月发生额合计和月末余额,而且还可以查询所有二至六级明细科目的年初余额、各月发生额合计和月末余额。

(2)账务系统中的余额表用于查询统计各级科目的本期发生额、累计发生额和余额等,其区别于总账的一个显著特征是余额表中的所有科目都显示在一页上。

(3)明细账用于查询各账户的明细发生情况,以及按任意条件组合查询明细账。可以查询普通明细账、按科目排序明细账、月份综合明细账。

(4)多栏账功能使用户可以设计自己企业需要的多栏明细账,按明细科目保存为不同的多栏账名称,在以后的查询中只需要选择多栏明细账直接查询即可。

(5)手工账查询时只能查看到已记账数据,而财务软件中还提供了对未记账凭证数据的查询功能。

(6)可输出某科目范围某一时期内的账簿数据。

任务分析:可以通过查询余额表,对各科目的发生额及余额情况一目了然,可以通过明细账查询到应付账款科目的明细账,通过多栏账功能建立管理费用账户的多栏账并进行查询。

三、工作过程

1. 查询并打印输出总账科目的发生额及余额

(1)执行【账表】|【科目账】|【余额表】命令,打开【发生额及余额表查询条件】对

话框。

（2）在【月份】框中选择【2013.01—2013.01】；【科目】范围为空，默认查看所有科目，【级次】选择【1—1】，只查看总账科目；勾选【包含未记账凭证】选项，表明在账簿数据中包含尚未记账的凭证数据，如图 2 - 2 - 20 所示。

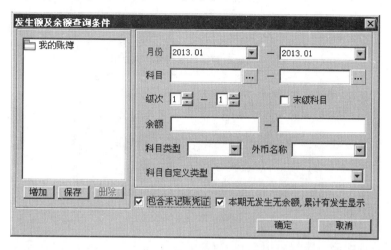

图 2 - 2 - 20　发生额及余额查询条件

（3）单击【确定】按钮，显示发生额及余额表，如图 2 - 2 - 21 所示。

图 2 - 2 - 21　发生额及余额表

（4）单击【设置】按钮，打开【页面设置】对话框，选择纸张、打印方向与页边距，对打印输出格式进行设置，如图 2 - 2 - 22 所示。单击【确定】按钮保存设置。

（5）单击【打印】按钮，将查询结果打印到纸张上。

注意：查询时打印输出的结果供平时查询使用，不作为正式会计账簿保存，如要作为正式会计账簿保存，应用【账簿打印】功能专门打印输出正式账簿。

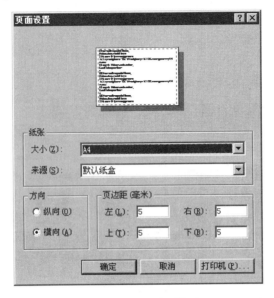

图 2 – 2 – 22　页面设置

2. 查询并打印应付账款明细账

（1）执行【账表】|【科目账】|【明细账】命令，打开【明细账查询条件】对话框，选中【月份综合明细账】选项，在下拉菜单中选择【应付账款】，【月份】下拉列表中选择【2013.01—2013.01】，勾选【包含未记账凭证】选项，如图 2 – 2 – 23 所示。

图 2 – 2 – 23　明细账查询条件

（2）单击【确定】按钮，显示应付账款明细账，如图 2 – 2 – 24 所示。

图 2 – 2 – 24　应付账款明细账

（3）设置并打印应付账款明细账，方法同"发生额及余额表"打印，此处不再赘述。

3. 设置并查询管理费用明细账

（1）执行【账表】|【科目账】|【多栏账】命令，打开【多栏账】窗口，单击【增加】按钮，打开【多栏账定义】窗口。

（2）从【核算科目】下拉列表中选择"管理费用"科目，系统自动产生多栏账名称"管理费用多栏账"。单击【自动编制】按钮，系统将"管理费用"的明细科目自动设置为多栏账栏目，如图 2 – 2 – 25 所示。

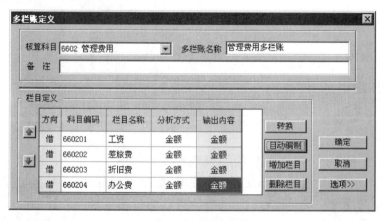

图 2 – 2 – 25　建立多栏账

（3）单击【确定】按钮，管理费用多栏账就建好了。单击【查询】按钮，系统弹出如图 2 – 2 – 26 所示的【多栏账查询】对话框。

注意：勾选【包含未记账凭证】复选框时，查询结果中会包括未记账的凭证数据。

（4）单击【确定】按钮，系统显示出管理费用多栏账，如图 2 – 2 – 27 所示。

图 2 – 2 – 26　多栏账查询

图 2 – 2 – 27　管理费用多栏账

四、任务练习

查询南京钟山机械设备有限公司账套中的总账、科目余额表，对比两种账簿的区别；建立并查询销售费用多栏账。

任务五　往来账管理

由于赊销(赊购)或其他方面原因,企业在经营过程中往往会形成往来款项。如果不能对往来款项进行有效管理,就会使企业的经营活动受到一定影响。账务系统中提供了查询、清理往来账户的功能,包括客户往来、供应商往来和个人往来的清理和查询。往来账清理主要是对往来账户的勾对、账龄分析及催款单打印。

一、明确任务

查询与南京阳光机械公司之间的应收账款往来账户,对已达往来账进行两清。

二、知识准备

(1) 客户往来辅助账中可以查询南京钟山机械设备有限公司与所有客户之间往来账户的发生额、余额及明细账。

(2) 账务系统中的【客户往来两清】功能提供对客户往来款项的清理勾对功能,让企业及时了解应收款的结算情况及未达账情况,可以采用自动与手工勾对两种方式清理客户欠款。自动勾对是指计算机自动将所有已结清的往来业务打上两清标记,手工勾对是由会计人员根据业务情况判断往来账是否已两清,对于已两清业务打上两清标记。

(3) 客户往来两清的依据包括按部门两清、按项目两清和按票号两清。

① 按部门相同两清:对于同一科目下部门相同、借贷方向相反、金额一致的两笔分录自动勾对。

② 按项目相同两清:对于同一科目同一往来户下,辅助核算项目相同的往来款项多笔借方(贷方)合计相等的情况。

③ 按票号相同两清:对于同一科目下相同票号、借贷方向相反、金额一致的两笔分录自动勾对。

(4) 客户往来两清的方式包括专认勾对、逐笔勾对和全额勾对,系统自动勾对时依次按照"专认勾对—逐笔勾对—全额勾对"的顺序进行检查勾对。

① 专认勾对:按业务号(填制凭证时"应收账款"等往来科目辅助项中的"票号")勾对,通过用户在制单过程中指定业务编号或字符,作为往来账勾对标识,对于同一科目下业务号相同、借贷方向相反、金额一致的两笔分录自动勾对。

② 逐笔勾对:在用户未指定业务号的情况下,系统按照金额一致方向相反的原则自动勾对同一科目下同一往来户的往来款项。

③ 全额勾对:为提高对账成功率,对于同一科目同一往来户下,可能存在着借方(贷方)的某项合计等于对方科目的某几项合计,尤其是带有业务号的往来款项,全额勾对将对这些合计项进行勾对。

(5) 往来账的自动勾对要求填制凭证时输入的辅助信息要严格、规范,特别对于有业务号的账项一定要规范输入。这样,不论是"一借一贷""一借多贷",还是"多借一贷",系统都能自动识别并进行勾对,否则只能手工勾对。

三、工作过程

（1）执行【账表】|【客户往来辅助账】|【客户往来明细账】|【客户明细账】命令，打开【客户明细账】查询条件对话框，选择【客户】为南京阳光机械公司，【月份】范围为【2013.01—2013.01】，单击【科目范围】按钮，选中【科目范围】左边列表中的【应收账款】，单击 > 按钮将其加入右边的列表，即可查询该客户应收账款科目的明细账，如图2-2-28所示。

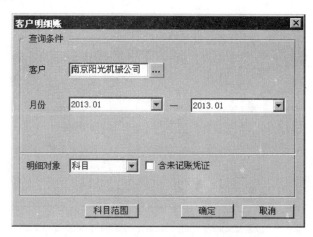

图2-2-28 客户明细账查询条件

（2）单击【确定】按钮，显示南京阳光机械公司的应收账款明细账，如图2-2-29所示。

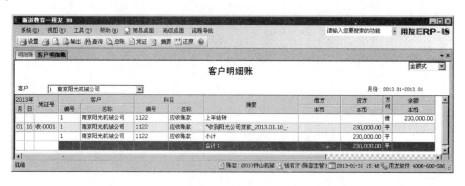

图2-2-29 南京阳光机械公司应收账款明细账

（3）执行【账表】|【客户往来辅助账】|【客户往来两清】命令，打开【客户往来两清】查询条件对话框，在【科目】下拉列表中选择【应收账款】，在【客户】列表中选择南京阳光机械公司，【月份】选择【（空白）—2013.01】（筛选从期初至1月的往来账记录），勾选【显示已全部两清】选项（以便两清后查看结果），如图2-2-30所示。

（4）单击【确定】按钮，显示【客户往来两清】界面，单击【自动】按钮，系统弹出提示框【是否对查询范围内的数据进行两清？】，单击【否】按钮，只对当前界面的数据进行两清。系统自动根据勾对依据进行检查，勾对结束后显示如图2-2-31所示的勾对结果。

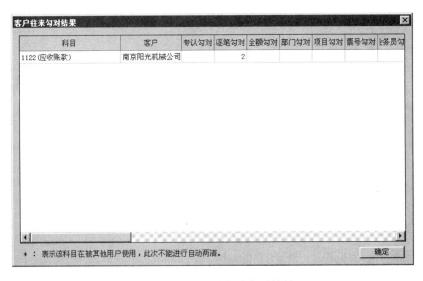

图 2 – 2 – 30　【客户往来两清】查询条件对话框

图 2 – 2 – 31　客户往来勾对结果

　　(5) 单击【确定】按钮,显示勾对后的往来账两清情况,如图 2 – 2 – 32 所示。【两清】一列中带有"○"标志的记录是经过系统自动勾对已两清的业务。根据两清结果可以判断,目前南京阳光机械公司与南京钟山机械设备有限公司之间的应收款项已全部结清。

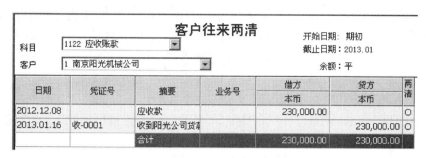

图 2 - 2 - 32 客户往来两清结果

注意:进行往来账两清前,要求对所有与该客户相关的记账凭证先记账。

四、任务练习

查询与上海辰龙贸易公司之间的应收账款往来账户,对已达往来账进行两清。

任务六 出纳业务 ✛✛

日常工作中,出纳人员的工作内容和任务主要包括货币资金核算、往来结算、工资核算、货币资金收支的监督等,工作比较琐碎、繁杂。财务软件通过数据之间的共享,大大简化了出纳的日常工作。例如,在传统的手工工作中,出纳需要每天登记库存现金日记账与银行存款日记账,这是一项非常容易出错的工作。而在财务软件中,只要提前指定好出纳专管科目,库存现金日记账与银行存款日记账就会由系统根据记账凭证自动产生,出纳可以直接进行查询。

一、明确任务

查询南京钟山机械设备有限公司 2013 年 1 月份的库存现金日记账与银行存款日记账;公司银行账启用日期为 2013 年 1 月 1 日,"银行存款——工商银行"科目的企业日记账期初余额为 316 700 元,银行对账单期初余额为 315 200 元,有企业已收银行未收的未达账(2012 年 12 月 26 日)1 500 元(通过转账支票结算,票号为 102)。2013 年 1 月份的工商银行对账单见表 2 - 2 - 2。

表 2 - 2 - 2 2013 年 1 月工商银行对账单

日　期	结算方式	票　号	借方金额	贷方金额
2013. 1. 1	202 转账支票	177		10 000
2013. 1. 13	201 现金支票	182		3 000
2013. 1. 15	202 转账支票	223		200 000
2013. 1. 15	202 转账支票	112	230 000	
2013. 1. 16	202 转账支票	245		19 000
2013. 1. 25	3 银行汇票	334	2 000	

要求:输入银行对账期初数据及 2013 年 1 月份银行对账单,进行银行对账并通过查询余额调节表检查对账结果是否正确。查询至 2013 年 1 月 31 日,南京钟山机械设备有限公司银行账与日记账中超出 30 天仍未到账的款项。

二、知识准备

(1)要想让出纳查询到库存现金日记账,必须在【会计科目】功能下的【指定科目】中将库存现金科目预先指定为现金总账科目。

(2)要想让出纳查询到银行存款日记账,必须在【会计科目】功能下的【指定科目】中将银行存款科目预先指定为银行总账科目。

(3)银行对账是出纳人员的基本工作之一。企业的结算业务大部分要通过银行进行结算,但由于企业与银行的账务处理和入账时间不一致,往往会发生双方账面不一致的情况,即"未达账项"。为了能够准确掌握银行存款的实际金额,了解实际可支配货币资金总额,及时发现和更正记账差错,企业必须定期将银行存款日记账与银行出具的对账单进行核对,并编制银行存款余额调节表。账务系统中的【银行对账】功能提供了银行对账期初录入、银行对账单录入、银行对账及余额调节表查询功能。

(4)为了资金管理的需要,企业应注意查询长期未达账项,以便分析账项未达原因,及时采取措施,避免资金损失。

三、工作过程

1. 查询库存现金日记账

(1)执行【出纳】|【现金日记账】命令,打开【现金日记账查询条件】对话框,如图 2 - 2 - 33 所示。

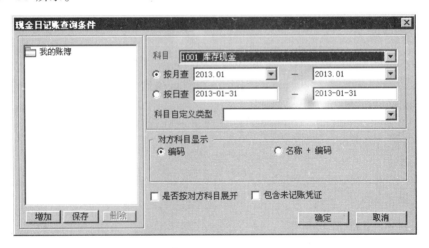

图 2 - 2 - 33　库存现金日记账查询条件

注意:勾选【包含未记账凭证】选项可以查询到包括未记账凭证在内的所有数据。

(2)选择【科目】为【1001 库存现金】,其余条件不变。

(3)单击【确定】按钮,打开现金日记账,如图 2 - 2 - 34 所示。

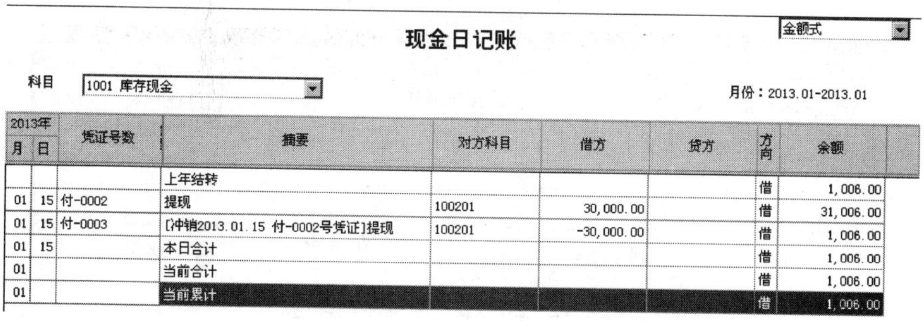

现金日记账

金额式

科目　1001 库存现金　　　　月份：2013.01-2013.01

2013年 月	日	凭证号数	摘要	对方科目	借方	贷方	方向	余额
			上年结转				借	1,006.00
01	15	付-0002	提现	100201	30,000.00		借	31,006.00
01	15	付-0003	[冲销2013.01.15 付-0002号凭证]提现	100201	-30,000.00		借	1,006.00
01	15		本日合计				借	1,006.00
01			当前合计				借	1,006.00
01			当前累计				借	1,006.00

图 2－2－34　库存现金日记账

2. 查询银行存款日记账

（1）执行【出纳】|【银行日记账】命令，打开【银行日记账查询条件】对话框，选择【科目】为【1002 银行存款】，其余条件不变。

（2）单击【确定】按钮，打开银行日记账，如图 2－2－35 所示。

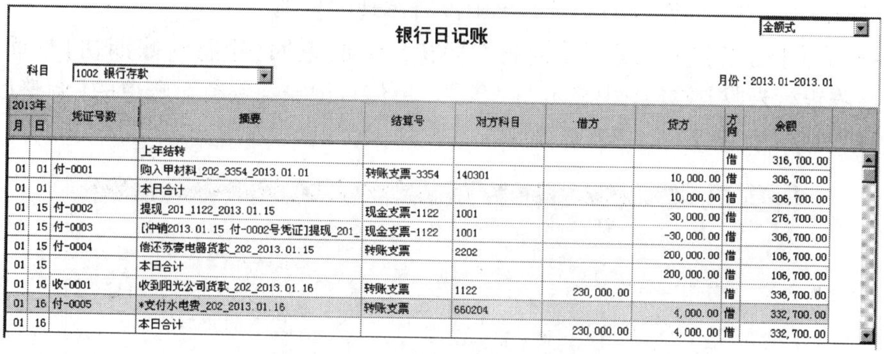

银行日记账

金额式

科目　1002 银行存款　　　　月份：2013.01-2013.01

2013年 月	日	凭证号数	摘要	结算号	对方科目	借方	贷方	方向	余额
			上年结转					借	316,700.00
01	01	付-0001	购入甲材料_202_3354_2013.01.01	转账支票-3354	140301		10,000.00	借	306,700.00
01	01		本日合计				10,000.00	借	306,700.00
01	15	付-0002	提现_201_1122_2013.01.15	现金支票-1122	1001		30,000.00	借	276,700.00
01	15	付-0003	[冲销2013.01.15 付-0002号凭证]提现_201_	现金支票-1122	1001		-30,000.00	借	306,700.00
01	15	付-0004	偿还苏豪电器货款_202_2013.01.15	转账支票	2202		200,000.00	借	106,700.00
01	15		本日合计				200,000.00	借	106,700.00
01	16	收-0001	收到阳光公司货款_202_2013.01.16	转账支票	1122	230,000.00		借	336,700.00
01	16	付-0005	*支付水电费_202_2013.01.16	转账支票	660204		4,000.00	借	332,700.00
01	16		本日合计			230,000.00	4,000.00	借	332,700.00

图 2－2－35　银行存款日记账

3. 银行对账

（1）执行【出纳】|【银行对账】|【银行对账期初录入】命令，弹出【银行科目选择】对话框，选择【工商银行】科目。

（2）单击【确定】按钮，打开【银行对账期初】界面，确定启用日期无误后，在单位日记账的【调整前余额】文本框中输入“316 700”，在银行对账单的【调整前余额】文本框中输入“315 200”。

注意：

① 进行银行对账期初数据录入时，单位日记账与银行对账单的【调整前余额】应分别为启用日期时该银行科目的科目余额及银行存款余额。

② 银行对账单余额方向为借方时，借方发生表示银行存款增加，贷方发生表示银行存款减少；反之，借方发生表示银行存款减少，贷方发生表示银行存款增加。系统默认银行对账单余额方向为借方，单击【方向】按钮可调整银行对账单余额方向。注意已进行过银行对账勾对的银行科目不能调整银行对账单余额方向。

（3）单击【日记账期初未达项】按钮，进入【企业方期初】界面，单击【增加】按钮，新增一条企业已收银行未收的企业日记账期初记录。在凭证日期处录入“2012.12.26”，借方金额处录入“1 500”，单击【保存】按钮，如图 2－2－36 所示。

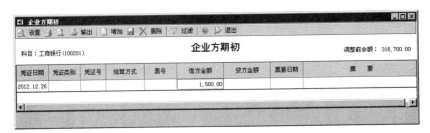

图 2 - 2 - 36   日记账期初未达项

注意：

① "期初未达项"分别为为上次手工勾对截止日期到启用日期前的未达账项。

② "对账单期初未达项"是指截止到银行账启用时银行已收企业未收和银行已付企业未付的款项，即银行期初对账单上有而企业日记账中没有对应记录的款项；"日记账期初未达项"是指截止到银行账启用时企业已收银行未收和企业已付银行未付的款项，即企业日记账中已记录但银行期初对账单中没有体现的款项。

（4）单击【退出】按钮，退出【企业方期初】界面，返回【银行对账期初】界面。此时【企业已收银行未收】文本框中显示"1 500"。单位日记账与银行对账单的【调整后余额】均为"316 700"，如图 2 - 2 - 37 所示。

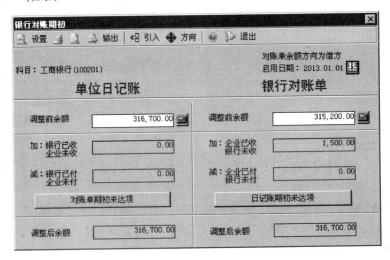

图 2 - 2 - 37   银行对账期初

注意：

① 录入的银行对账单、单位日记账的期初未达项的发生日期不能大于等于此银行科目的启用日期。

② 在录入完单位日记账、银行对账单期初未达项后，不要随意调整启用日期，尤其是向前调，这样可能会造成启用日期后的期初数不能再参与对账。例如，录入了 4 月 1 日、5 日、8 日的几笔期初未达项后，将启用日期由 4 月 10 日调整为 4 月 6 日，那么 4 月 8 日的那笔未达项将不能在期初及银行对账中见到。

③ "调整后余额"分别为上次手工勾对截止日期的该银行科目的科目余额及银行存款余额。若录入正确，则单位日记账与银行对账单的调整后余额应平衡。

（5）单击【退出】按钮，退出【银行对账期初】界面。

（6）单击【银行对账单】，弹出【银行科目选择】对话框，选择科目为【工商银行】，月份范围为【2013.01—2013.01】，单击【确定】按钮，进入【银行对账单】查询录入界面。

（7）单击【增加】按钮，根据表2－2－2中的信息依次录入各项内容，录入完成后单击【保存】按钮进行保存，如图2－2－38所示。

银行对账单

科目：工商银行(100201)　　　　　　　　　　　　　　对账单账面余额：315,200.00

日期	结算方式	票号	借方金额	贷方金额	余额
2013.01.01	202	177		10,000.00	305,200.00
2013.01.13	201	182		3,000.00	302,200.00
2013.01.15	202	223		200,000.00	102,200.00
2013.01.15	202	112	230,000.00		332,200.00
2013.01.16	202	245		19,000.00	313,200.00
2013.01.25	3	334	2,000.00		315,200.00

图2－2－38　银行对账单

（8）单击【退出】按钮，退出【银行对账单】界面。

提示：【银行对账期初】功能是用于第一次使用银行对账模块前录入日记账及对账单未达项，在开始使用银行对账之后一般不再使用。

（9）执行【出纳】|【银行对账】|【银行对账】命令，弹出【银行科目选择】对话框，选择科目为【工商银行】，月份范围为【2013.01—2013.01】，选中【显示已达账】，单击【确定】按钮，进入银行对账界面，左边为单位日记账，右边为银行对账单，如图2－2－39所示。

科目：100201(工商银行)

单位日记账　　　　　　　　　　　　银行对账单

票据日期	结算方式	票号	方向	金额	两清	凭证号数	日期	结算方式	票号	方向	金额	两清
			借	1,500.00		-0000	2013.01.01	202	177	贷	10,000.00	
2013.01.01	202	177	贷	10,000.00		付-0001	2013.01.13	201	182	贷	3,000.00	
2013.01.15	201	182	贷	30,000.00		付-0002	2013.01.15	202	223	贷	200,000.00	
2013.01.15	201	182	贷	-30,000.00		付-0003	2013.01.15	202	112	借	230,000.00	
2013.01.15	202	223	贷	200,000.00		付-0004	2013.01.16	202	245	贷	19,000.00	
2013.01.16	202	112	借	230,000.00		收-0001	2013.01.25	3	334	借	2,000.00	
2013.01.16	202	567	贷	4,000.00		付-0005						

图2－2－39　银行对账前界面

（10）单击【对账】按钮，弹出【自动对账】筛选条件对话框，输入对账截止日期为"2013－01－31"，选择对账条件，如图2－2－40所示。

（11）单击【确定】按钮，系统自动根据对账条件进行检查，对符合条件的记录标记两清标志"〇"。自动对账后的结果如图2－2－41所示。

根据自动对账结果可以看出，未标记"〇"符号的记录中，前两笔记录是因为日记账与对账单中的票号不相符，其余记录是因为没有对应的相似记录。假如在出纳人员核对相关记录后发现，日记账中"付－0001"号凭证、"付－0002"号凭证分别

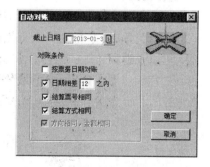

图2－2－40　【自动对账】对话框

科目：100201（工商银行）

单位日记账							银行对账单					
票据日期	结算方式	票号	方向	金额	两清	凭证号数	摘要	日期	结算方式	票号	方向	金额	两清
			借	1,500.00		-0000		2013.01.01	202	177	贷	10,000.00	○
2013.01.01	202	177	贷	10,000.00	○	付-0001	购入甲材料	2013.01.13	201	182	贷	3,000.00	
2013.01.15	201	182	贷	30,000.00		付-0002	提现	2013.01.15	202	223	贷	200,000.00	
2013.01.15	201	182	贷	-30,000.00		付-0003	冲销2013.01.15	2013.01.15	202	112	借	230,000.00	○
2013.01.15	202	223	贷	200,000.00	○	付-0004	偿还苏豪电器货款	2013.01.16	202	245	贷	19,000.00	
2013.01.16	202	112	借	230,000.00	○	收-0001	收到阳光公司货款	2013.01.25	3	334	借	2,000.00	
2013.01.16	202	587	贷	4,000.00		付-0005	支付水电费						

图2-2-41　自动对账后的对账结果

与对账单中前两笔记录具有对应关系,还可以通过手工对账将其两清。方法是:在相对应记录的"两清"处单击鼠标左键,打上"Y"标记,表明该业务已两清。此时经过了自动对账和手工对账后的结果如图2-2-42所示。

科目：100201（工商银行）

单位日记账							银行对账单					
票据日期	结算方式	票号	方向	金额	两清	凭证号数	摘要	日期	结算方式	票号	方向	金额	两清
			借	1,500.00		-0000		2013.01.01	202	177	贷	10,000.00	○
2013.01.01	202	177	贷	10,000.00	○	付-0001	购入甲材料	2013.01.13	201	182	贷	3,000.00	
2013.01.15	201	182	贷	30,000.00	Y	付-0002	提现	2013.01.15	202	223	贷	200,000.00	
2013.01.15	201	182	贷	-30,000.00	Y	付-0003	冲销2013.01.15	2013.01.15	202	112	借	230,000.00	○
2013.01.15	202	223	贷	200,000.00	○	付-0004	偿还苏豪电器货款	2013.01.16	202	245	贷	19,000.00	
2013.01.16	202	112	借	230,000.00	○	收-0001	收到阳光公司货款	2013.01.25	3	334	借	2,000.00	
2013.01.16	202	587	贷	4,000.00		付-0005	支付水电费						

图2-2-42　手工对账后的对账结果

经过手工对账后,仍未两清的记录即为未达账项。

注意:

① 自动对账是计算机根据对账依据自动进行核对、勾销,对于已核对上的银行业务,系统将自动在银行存款日记账和银行对账单双方标记两清标志,并视为已达账项,对于在两清栏未标记两清符号的记录,系统则视其为未达账项。手工对账是对自动对账的补充,在自动对账后,可能还有一些特殊的已达账没有对出来,而被视为未达账项,为了保证对账更彻底正确,可以用手工对账来进行调整。

② 若某银行科目已进行过对账,在期初未达项录入中,对于已勾对或已核销的记录不能再修改。

(12) 单击【退出】按钮,退出银行对账界面。

(13) 单击【余额调节表查询】,进入【银行存款余额调节表】界面,如图2-2-43所示,可以查看调整后的银行存款余额。

图2-2-43　银行存款余额调节表

注意:在对银行账进行两清勾对后,便可使用【余额调整表查询】功能查询打印【银行存款余额调节表】,以检查对账是否正确。

4. 长期未达账项审计

(1)执行【出纳】|【长期未达账审计】命令,打开【长期未达账审计条件】对话框。

(2)输入查询的截止日期"2013.01.31",【至截止日期未达天数超过】文本框中输入"30"。

(3)单击【确定】按钮,系统显示符合条件的未达账查询结果。

提示:可以通过单击【银行对账单】或【单位日记账】页签切换显示银行账或日记账的查询内容。

四、任务练习

以出纳身份登录企业应用平台,查询库存现金日记账和银行存款日记账。

南京钟山机械设备有限公司"银行存款——工商银行"科目的企业日记账期初余额为 316 700 元,银行对账单期初余额为 318 700 元,有银行已收企业未收 2012 年 12 月 29 日的未达账 2 000 元。2013 年 1 月份的工商银行对账单见表 2-2-3。

表 2-2-3 2013 年 1 月工商银行对账单

日　　期	结算方式	票　　号	借方金额	贷方金额
2013.1.1	202 转账支票	3354		10 000
2013.1.12	201 现金支票	1122		2 000
2013.1.14	202 转账支票	3456	58 500	
2013.1.15	202 转账支票	3355		28 080
2013.1.25	201 现金支票	3100	1 000	

要求:输入银行对账期初数据及 2013 年 1 月份银行对账单,进行银行对账并查询余额调节表。查询至 2013 年 1 月底已超出 30 天尚未到账的款项。

模块三 期末业务处理

每到会计期末,会计人员在将本月所有经济业务登记入账后,还要进行计提、分摊、分配、结转及对账和结账等。在手工会计工作中,期末业务的处理内容繁杂、时间紧迫,会计人员往往需要加班加点才能完成工作。在使用财务软件处理经济业务后,大大提高了会计工作的效率,减少了会计人员的工作量,而且财务核算更规范,准确性也更高。

学习目标

1. 能正确设置自定义结转的各项内容,并能根据转账定义生成转账凭证;
2. 能准确完成对应结转设置,并能根据转账定义生成转账凭证;
3. 能准确进行期间损益结转,并能根据转账定义生成转账凭证;
4. 能正确完成对账、结账操作,并能根据月度工作报告查找影响结账的因素。

工作过程

1. 设置自定义转账并生成凭证；
2. 设置对应转账并生成凭证；
3. 设置期间损益结转并生成凭证；
4. 月末结账。

任务一　设置自定义转账并生成凭证

企业中的某些转账业务，每到会计期末基本都要发生，而且账务处理也基本类似，如成本费用的分摊或计提。在使用财务软件处理会计业务后，我们可以对这些业务进行转账设置，每到会计期末，直接根据转账设置生成当期的会计凭证即可。这种处理方式类似于本项目模块二中所讲的"常用凭证"。

【自定义转账】功能可以根据不同企业的个性化需求设置期末转账分录。

一、明确任务

南京钟山机械设备有限公司从银行取得的短期借款的年利率为6%。现要求对每月的短期利息计提业务设置自动转账并生成2013年1月份的转账凭证。

二、知识准备

（1）账务系统【期末】功能菜单中的【转账定义】可以对期末经常性转账业务预置转账分录，然后在会计期末通过【转账生成】功能生成转账凭证。

（2）【自定义转账】时可以预置转账凭证的会计科目，并使用财务软件中提供的各种函数设置取数公式，来获取借贷方发生额。

（3）根据转账定义生成转账凭证前应将所有未记账凭证进行记账。

任务分析：计提短期借款利息的会计分录为：

借：财务费用　　　　（取对方科目计算结果）

　　贷：应付利息　　　（"短期借款"科目的贷方期末余额×0.06/12）

应付利息每月发生额可以借助期末余额函数"QM（　）"获得，财务费用每月发生额可以使用取对方金额函数"JG（　）"从应付利息的发生额计算结果得到。

三、工作过程

（1）执行【期末】|【转账定义】|【自定义转账】命令，打开【自定义转账设置】窗口。

（2）单击工具栏上的【增加】按钮，打开【转账目录】对话框。输入转账序号"001"，转账说明【计提短期借款利息】，选择凭证类别为【转账凭证】，如图2-3-1所示。

注意：转账序号是该自定义转账设置的编

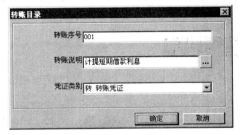

图2-3-1　录入转账目录

号,不是凭证号。凭证号在每月转账时自动产生。

(3)单击【确定】按钮,返回【自定义转账设置】窗口,继续录入转账凭证分录。系统自动将前面录入的【转账说明】作为摘要,单击【科目编码】文本框从会计科目表中参照录入"财务费用"科目,【方向】选用默认的"借"方,单击【金额公式】文本框,单击其中的参照按钮,打开【公式向导】对话框,从公式列表中找到【取对方科目计算结果】函数,如图2-3-2所示。

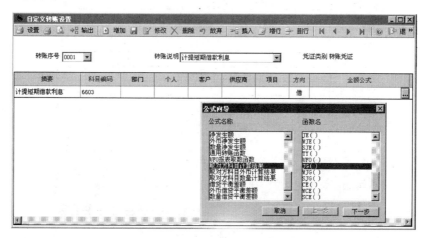

图2-3-2 选择公式名称

注意:转账凭证分录中的科目可以为非末级科目;部门、个人、客户、供应商、项目均可为空,表示包括所有部门、个人、客户、供应商、项目。

(4)单击【下一步】按钮,弹出公式参数录入界面,【科目】文本框中录入"应付利息"科目或保留缺省状态,如图2-3-3所示。

图2-3-3 录入公式参数(1)

(5)单击【完成】按钮,第一行会计分录录入完毕。

(6)单击【增行】按钮,继续录入第二行会计分录。科目编码选择【2231】(应付利息),在【方向】下拉列表框中选择【贷】,单击【金额公式】文本框,打开【公式向导】,选择【期末余额】函数。

(7)单击【下一步】按钮,打开【公式向导】对话框,由于贷方发生额是以"短期借款"的期末数乘上月利率计算出来的,所以在此处的科目中应输入"短期借款"而不是"应付利息"。选中【按默认值取数】选项,勾选【继续输入公式】选项,选择运算符【＊(乘)】,如

图 2 - 3 - 4 所示。

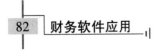

图 2 - 3 - 4　录入公式参数(2)

注意:

① 函数公式中,期初、期末函数中的方向一般为空,否则当出现反向余额时容易发生取数错误。

② 若取数科目有辅助核算,应输入相应的辅助项内容,若不输入,系统默认按转账分录中定义的辅助项取数(按默认值取数)。如果希望能取到该科目的总数,则应选中【按科目(辅助项)总数取数】选项。

③ 单击【下一步】按钮,在【公式名称】中选择【常数】,单击【下一步】按钮,在【常数】文本框中输入"0.06"。勾选【继续输入公式】选项,选中运算符【/(除)】选项。单击【下一步】按钮,输入常数"12",单击【完成】按钮,得到如图 2 - 3 - 5 所示的自定义转账,单击【保存】按钮进行保存。

图 2 - 3 - 5　计提短期借款利息的转账定义

(8) 执行【期末】|【转账生成】命令,打开【转账生成】对话框,选中【自定义转账】选项,在"计提短期借款利息"一行的【是否结转】处双击鼠标左键,出现"Y"标记,如图 2 - 3 - 6 所示。

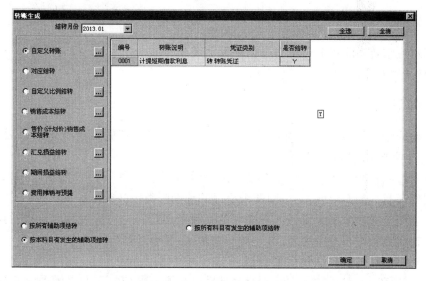

图2-3-6 自定义转账结转

(9) 单击【确定】按钮,系统自动根据之前设置的转账定义生成转账凭证,单击【保存】按钮保存该凭证,如图2-3-7所示。

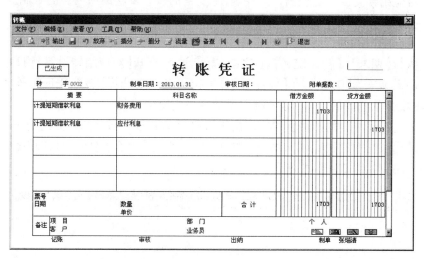

图2-3-7 根据自定义转账生成的转账凭证

四、任务练习

按应付工资的2%提取工会经费,要求进行转账定义并生成1月份的转账凭证。

任务二 设置对应转账并生成凭证

在会计期末,我们经常需要将某些科目的余额结转到另外一个科目中,如将进项税和销项税的余额结转到未交增值税中,这项工作在财务软件中可以通过对应转账完成,既可以提高工作效率,又可以减少会计人员的工作量。

一、明确任务

使用对应结转功能将1月份的进项税额结转到"应交税费——应交增值税——转出未交增值税"账户中。

二、知识准备

（1）对应结转前需先进行对应结转设置，并且要在所有凭证进行记账以后再使用【转账生成】功能生成转账凭证。

（2）对应结转的科目可以是非末级科目，但其下级科目的科目结构必须一致，即具有相同的明细科目。如有辅助核算，则两个科目的辅助账类也必须一一对应。

（3）当两个或多个上级科目的下级科目及辅助项有一一对应关系时，可进行将其余额按一定比例系数进行对应结转，可一对一结转，也可一对多结转。

（4）对应转账功能只结转期末余额。

（5）一张凭证可定义多行，转出科目及辅助项必须一致，转入科目及辅助项可不相同。

（6）自动生成转账凭证时，如果同一凭证转入科目有多个，并且同一凭证的结转系数之和为1，则最后一笔结转金额为转出科目余额减当前凭证已转出的余额。

（7）对应结转凭证不受金额权限控制，不受辅助核算及辅助项内容的限制。

三、工作过程

（1）执行【期末】|【转账定义】|【对应结转】命令，打开【对应结转设置】窗口。

（2）输入编号为"0001"，在【凭证类别】下拉列表框中选择【转账凭证】，输入摘要为"结转进项税额"，选择转出科目为"应交税费——应交增值税——进项税额"。

（3）单击工具栏上的【增行】按钮，在转入科目编码框中选择"应交税费——应交增值税——转出未交增值税"，输入结转系数为"1"。单击【保存】按钮，对该转账定义进行保存。操作结果如图2-3-8所示。

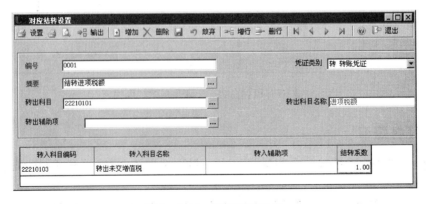

图2-3-8 对应结转设置

（4）执行【期末】|【转账生成】命令，打开【转账生成】对话框，选中【对应结转】选项，在"结转进项税额"转账定义所在行的【是否结转】处单击鼠标左键，出现"Y"标记，如图2-3-9所示。

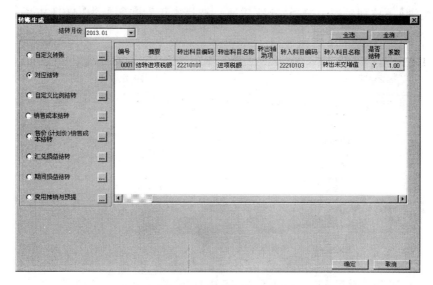

图 2 - 3 - 9 对应转账结转

(5) 单击【确定】按钮,系统生成进项税额结转的凭证,单击【保存】按钮,将该凭证进行保存。

四、任务练习

使用对应结转功能将 1 月份的销项税额结转到转出未交增值税中。

任务三 设置期间损益结转并生成凭证

当会计期结束时,我们需要将损益类科目的余额结转到本年利润科目中,从而及时反映企业利润的盈亏情况。

一、明确任务

使用期末转账功能将南京钟山机械设备有限公司 2013 年 1 月份的期间损益进行结转。

二、知识准备

(1) 期间损益结转主要是将管理费用、销售费用、财务费用、营业外收支等损益类科目的余额转入本年利润。

(2) 进行期间损益结转前必须要先进行期间损益结转设置,并且要在所有未记账凭证进行记账以后才能进行期间损益结转。

(3) 会计期末通过【转账生成】功能生成期间损益结转的转账凭证。

(4) 在期间损益结转时,一般将收入与支出分别结转。

三、工作过程

(1) 执行【期末】|【转账定义】|【期间损益】命令,打开【期间损益结转设置】对话框。

在【凭证类别】下拉列表框中选择【转账凭证】,选择本年利润科目为【4103 本年利润】,如图 2 - 3 - 10 所示。

图 2 - 3 - 10　期间损益结转设置

（2）单击【确定】按钮,保存该设置。

（3）执行【期末】|【转账生成】命令,打开【转账生成】对话框,选中【期间损益结转】选项,在【类型】下拉列表中选择【支出】,单击【全选】按钮,期间损益账户的【是否结转】一列出现"Y"标记,如图 2 - 3 - 11 所示。

图 2 - 3 - 11　【转账生成】对话框

（4）单击【确定】按钮,即可生成支出类期间损益结转凭证,单击【保存】按钮,系统自动将当前凭证追加到未记账凭证中,如图2-3-12所示。

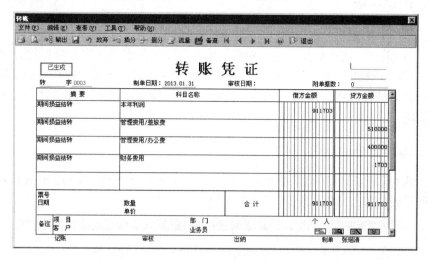

图2-3-12 支出类期间损益结转凭证

在图2-3-11所示【转账生成】对话框中选择结转类型为【收入】结转收入。

注意:

① 损益类科目结转表中将列出所有的损益科目,若某损益科目参与期间损益结转,则应填写相应的本年利润科目。

② 损益科目结转表的每一行中,损益科目的期末余额将被结转到该行的"本年利润"科目中去。

③ 损益科目结转表中的"本年利润"科目必须为末级科目,且为本年利润入账科目的下级科目。

④ 若期间损益结转设置后在会计科目表中增添过损益类会计科目,则在转账生成前需要重新进行期间损益结转设置。

四、任务练习

结转南京钟山机械设备有限公司2013年1月份的期间损益余额。

任务四 月末结账

在手工账中,每到会计期末,我们都需要计算和结转各账簿的本期发生额和期末余额,并终止本期的账务处理工作。使用财务软件后,仍然需要进行期末结账,不过结账工作更简单,工作量也更小了。使用财务软件进行期末结账主要是对当月日常业务处理的限制(结账后不再允许处理日常业务)和对下月账簿的初始化,结账操作是一种成批数据处理,由计算机自动完成。

一、明确任务

要求对南京钟山机械设备有限公司2013年1月份的账务系统进行结账。

二、知识准备

（1）每月只需结账一次，结账后本月不能再填制凭证。

（2）结账按照"选择结账月份—对账—出示月度工作报告—完成结账"的步骤进行。

（3）月度工作报告中会显示结账条件检查的结果及不能结账的原因，如果存在损益类科目余额未结转为零、有未记账凭证、对账不平、有除账务系统以外的其他系统未结账等任一情况，系统都不允许结账。

三、工作过程

（1）执行【期末】|【结账】命令，打开【结账—开始结账】对话框，单击鼠标左键选择要结账的月份【2013.01】，如图 2-3-13 所示。

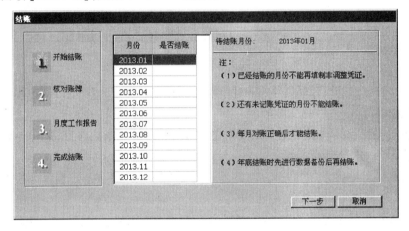

图 2-3-13　选择待结账月份

（2）单击【下一步】按钮，打开【结账—核对账簿】对话框，单击【对账】按钮，系统自动进行对账，并在对账平衡后标记"Y"标志，如图 2-3-14 所示。

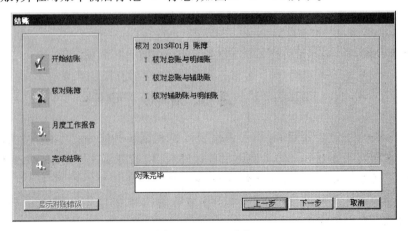

图 2-3-14　对账

（3）单击【下一步】按钮，打开【结账—月度工作报告】对话框，显示如图 2-3-15 所示的月度工作报告。

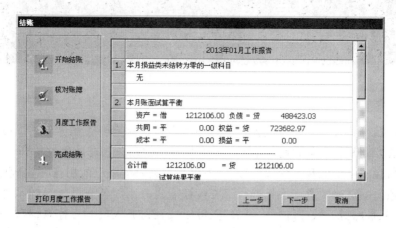

图 2 - 3 - 15　月度工作报告

（4）单击【下一步】按钮,打开【结账—完成结账】对话框,系统显示结账检查结果,如图 2 - 3 - 16 所示。

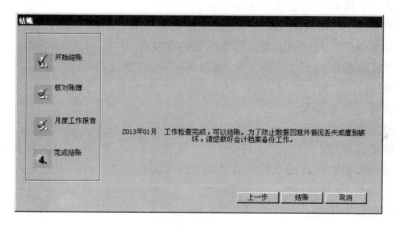

图 2 - 3 - 16　完成结账

注意:

① 结账前,为防止数据因意外情况丢失或遭到破坏,应进行数据备份。

② 结账后,如果出现由于非法操作或计算机病毒等原因造成数据被破坏的情况,可以使用【反结账】功能取消结账。方法是:执行【期末】|【结账】命令,选择要反结账的月份,按 Ctrl + Shift + F6 键,在弹出的对话框中输入账套主管登录密码,即可取消结账。取消结账后,已结账标志"Y"也同时被取消。需要注意的是,反结账操作只能由账套主管完成。

③ 如果系统提示【可以结账】,单击【结账】按钮,完成结账,【开始结账】对话框中该月份【是否结账】处出现"Y"标志。若无法结账,可单击【上一步】按钮查看影响正常结账的原因,纠正后再结账。

四、任务练习

对南京钟山机械设备有限公司 2013 年 1 月份的账务系统进行结账。

3

项目三 薪资管理

　　工资的核算和管理是人力资源管理的基本内容。根据新颁布的会计准则,职工薪酬是指职工在职期间和离职后提供给职工的全部货币性薪酬和非货币性薪酬。工资核算是每个单位财会核算中最基本的业务之一,不仅关系到每个职工的切身利益,也是直接影响产品成本核算的重要因素。手工进行工资核算需要占用财务人员大量的精力和时间,而且容易出错,采用财务软件进行工资核算,可以减轻财务人员的工作量,有效提高工资核算的准确性和及时性。

[项目具体目标]

- 熟悉薪资系统的启用及操作流程;
- 掌握工资账套的建立及相关参数设置及修改;
- 熟练掌握工资变动、扣缴所得税及银行代发工资文件的设置;
- 熟练掌握工资分摊的设置及转账凭证的生成;
- 掌握工资数据的统计分析方法,能查询账表及凭证。

[项目工作过程]

- 工资账套参数设置;
- 基础档案设置;
- 工资变动管理;
- 扣缴所得税的操作及个人所得税扣缴申报表的生成;
- 工资分摊类型的设置;
- 转账凭证的生成;
- 工资发放及工资费用分配的记账凭证的查询、删除和冲销处理;
- 月末处理及反结账操作。

模块一 薪资系统初始化

　　尽管各个单位的工资核算有很多共性,但也存在一些差异。通过薪资系统初始化设置,可以根据企业需要建立工资账套数据,设置工资系统运行所需要的各项基础信息,为日常处理建立应用环境。薪资系统初始化主要包括工资账套参数设置和基础档案设置两方面,其中工资账套参数设置涉及扣零处理、个人所得税扣税处理和是否核算计件工资等账套参数设置;基础档案设置涉及系统提供的人员附加信息,人员类别、部门选择,人员档案,代发工资的银行名称,工资项目及计算公式等设置。

学习目标

1. 理解薪资管理系统与其他子系统之间的关系;

2. 熟悉薪资系统的启用及操作流程；

3. 理解薪资系统选项的含义及作用；

4. 能够完成工资账套的建立及相关参数设置及修改；

5. 能够对建立好的工资账套进行所需的基础信息设置；

6. 能熟练掌握工资项目的定义及计算公式的输入。

工作过程

1. 工资账套参数设置；

2. 基础档案设置。

任务一　工资账套参数设置

使用财务软件进行工资核算之初，需要做一次性初始设置，以建立系统应用环境。初始设置之前，应进行必要的数据准备。

一、明确任务

根据南京钟山机械设备有限公司的具体情况，选择多工资类别核算方案：工资核算本位币为"人民币"；不核算计件工资；自动代扣个人所得税；不进行扣零设置；人员编码与公共平台的人数编码一致。

要求：根据上述公司情况建立工资账套。

二、知识准备

薪资管理系统与企业应用平台共享数据。薪资管理系统将工资计提、分摊结果自动生成转账凭证，传递到总账系统，两个系统可互相查询凭证，在总账中还可联查工资系统原始单据。用友财务软件中薪资管理系统与其他子系统之间的关系，如图3-1-1所示。

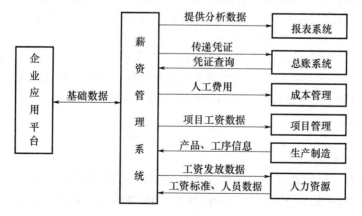

图3-1-1　薪资管理系统与其他子系统之间的关系

本单位核算账套建立完成后，以账套主管身份注册进入企业应用平台，在企业应用平台中启用薪资管理系统。

薪资管理系统启用之后,具有相应权限的操作员就可以登录本系统了。如果是初次进入,系统将自动启动建账向导。系统提供的建账向导共分为四步:参数设置、扣税设置、扣零设置、人员编码。

1. 参数设置

在参数设置中,需要选择本企业工资核算应用方案,确定工资核算本位币及是否核算计件工资。

1)选择本账套所需处理的工资类别方案

如果单位按周或每月多次发放工资,或者是单位中有多种不同类别(部门)的人员,工资发放项目不尽相同,计算公式亦不相同,但需要进行统一工资核算管理,应选中【多个】选项。例如,分别对在职人员、退休人员、离休人员进行核算的企业;分别对正式工、临时工进行核算的企业;每月进行多次工资发放,月末统一核算的企业;在不同地区有分支机构,而由集团总部统一进行工资核算的企业等。

如果单位中所有人员的工资统一管理,而人员的工资项目、工资计算公式全部相同,选中【单个】选项,可提高系统的运行效率。

2)选择工资账套的核算币种

系统提供币别参照供用户选择,若选择账套本位币以外的其他币别,则还须在工资类别参数维护中设置汇率,核算币种经过一次工资数据处理后即不能再修改。

3)勾选【是否核算计件工资】选项

计件工资是按计件单价支付劳动报酬的一种形式。选中该项,系统自动在工资项目设置中显示"计件工资"项目;在人员档案中【核算计件工资】选项可用;在【设置】菜单下显示【计件工资标准设置】和【计件工资方案设置】功能菜单;在【业务处理】菜单下显示【计件工资统计】功能菜单。

2. 扣税设置

扣税设置即选择在工资计算中是否由单位进行代扣个人所得税处理。

3. 扣零设置

扣零处理通常在发放现金工资时使用。扣零是指每次发放工资时将零头扣下,积累取整,在下次工资发放时补上,系统在计算工资时将依据此处所设置的扣零类型(扣零至元、扣零至角、扣零至分)进行扣零处理。

一旦选择了【扣零处理】,系统自动在固定工资项目中增加"本月扣零"和"上月扣零"两个项目,用户不必在计算公式中设置有关扣零处理的计算公式,"应发合计"中也不用包括"上月扣零","扣款合计"中不用包括"本月扣零"。

4. 人员编码

人员编码即单位人员编码长度。以数字作为人员编码。

5. 账套选项修改

在建立新的工资账套时设置的部分参数,后期还可以根据工作需要对其进行修改调整。但需要注意的是,对于多工资类别的账套,必须在建立工资类别后且打开工资类别的状态下,才能对参数进行修改。

三、工作过程

根据明确任务的要求创建南京钟山机械设备有限公司工资账套。

1. 进入系统设置状态

（1）单击桌面【企业应用平台】图标，以账套主管身份注册进入企业应用平台启用薪资管理系统，如图3-1-2所示。

图3-1-2　启用薪资系统

（2）在企业应用平台中，选择工作列表中的【业务】页签，执行【人力资源】|【薪资管理】命令，打开薪资管理系统，首次登录薪资管理系统，自动进入【建立工资套】对话框，如图3-1-3所示。

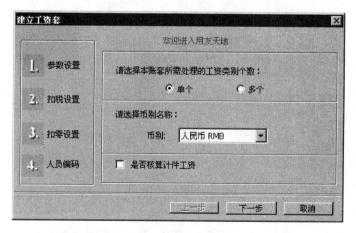

图3-1-3　【建立工资套—参数设置】对话框

（3）选择本账套所需的"多个"工资类别方案。

（4）选择工资账套的核算币种为【人民币】。

（5）不勾选【是否核算计件工资】选项。

（6）正确设置以上参数后，单击【下一步】按钮，进入建账向导的第二步——扣税设置。

2. 扣税设置

（1）勾选【是否从工资中代扣个人所得税】选项，如图3-1-4所示。

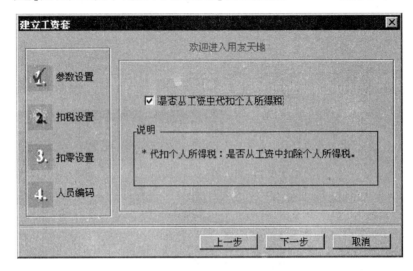

图3-1-4 【建立工资套—扣税设置】对话框

（2）设置完毕之后，单击【下一步】按钮，进入建账向导的第三步——扣零设置。

3. 扣零设置

（1）不勾选【扣零】选项，如图3-1-5所示。

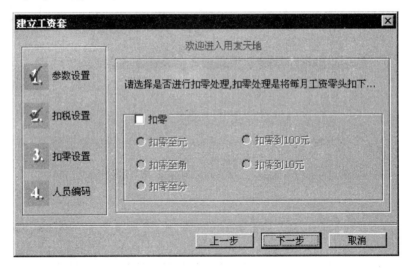

图3-1-5 【建立工资套—扣零设置】对话框

（2）设置完毕之后，单击【下一步】按钮，进入建账向导的第四步———人员编码。

4. 人员编码

（1）人员编码与公共平台的人员编码一致，如图3-1-6所示。

（2）单击【完成】按钮，结束工资建账过程，也可单击【取消】按钮，放弃本次建账，退出薪资管理系统。

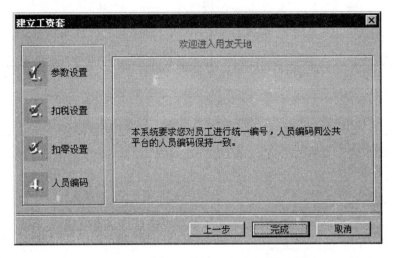

图 3 - 1 - 6　【建立工资套—人员编码】对话框

注意：

① 建账完毕后,部分建账参数可以通过执行【设置】|【选项】命令进行修改。

② 若在建账过程中,参数设置中选择"多个"工资类别,则系统会提示【未建立工资类别】提示框,如图 3 - 1 - 7 所示。进入系统后首先要建立工资类别。

图 3 - 1 -7　【未建立工资
类别】提示框

四、任务练习

钟山机械设备有限公司进行多工资类别核算,并由公司代扣代缴个人所得税,工资发放时不扣零,不核算计件工资。请据此进行薪资系统初始化。

任务二　基础档案设置

建立工资账套以后,要对整个系统运行所需的一些基础信息进行设置。包括:部门档案设置、人员类别设置、银行档案设置、人员附加信息设置、工资项目设置。其中部门档案、人员类别、银行档案是在企业应用平台通过执行【设置】|【基础档案】命令进行设置的。

注意:在多工资类别的情况下,在未打开任何工资类别时或未建立工资类别之前,【工资项目设置】功能是针对所有工资类别所需要使用的全部工资项目进行设置的;再打开某工资类别后,才是针对所打开工资类别进行工资项目的设置。

一、明确任务

南京钟山机械设备有限公司对于在职人员细分为行政管理人员、销售人员、供应人员、车间管理人员、生产人员及仓管人员六类。工资由中国银行代发,账号长度为11,自动带出账号长度为4。为南京钟山机械设备有限公司的人员档案增加"身份证号"附加信息。

在"正式职工"工资类别下,增加如表 3-1-1 所列的人员档案信息:

表 3-1-1 人员档案信息

员工编号	员工姓名	性别	人员类别	业务员属性	所属部门
1001	苏长江	男	行政管理人员	业务员	办公室
1002	杨关事	男	行政管理人员	业务员、操作员	办公室
2001	钱有才	男	行政管理人员		财务部
2002	张瑙清	女	行政管理人员		财务部
2003	赵子息	男	行政管理人员		财务部
3001	刘思毫	男	车间管理人员		生产部
3002	杨文宏	男	生产人员		生产部
3003	李丽	女	生产人员		生产部
3004	杨明光	男	生产人员		生产部
3005	刘红丽	女	生产人员		生产部
3006	刘伟广	男	生产人员		生产部
4001	罗大佑	男	销售人员	业务员、操作员	销售部
4002	陈述	男	销售人员		销售部
5001	刘三杰	男	供应人员	业务员、操作员	采购部
6001	谢诚品	男	仓管人员		成品库
6002	王管料	女	仓管人员		材料库

该公司各工资类别所使用的全部工资项目见表 3-1-2。

表 3-1-2 工资项目

工资项目名称	类型	长度	小数	增减项
基本工资	数字	8	2	增项
岗位工资	数字	8	2	增项
奖金	数字	8	2	增项
交补	数字	8	2	增项
福利费	数字	8	2	增项
纳税工资	数字	8	2	其他
缺勤天数	数字	8	2	其他
缺勤扣款	数字	8	2	减项
养老保险	数字	8	2	减项
住房公积金	数字	8	2	减项

定义"缺勤扣款=基本工资/22×缺勤天数",设置销售人员的交补是 600 元,除销售人员以外其他各类人员的交补为 200 元。

要求:根据以上描述对该公司的基础档案进行设置。

二、知识准备

1. 人员类别

所谓人员类别,就是按照某种特定分类方式将企业人员分为若干类型。不同类型人员的工资水平可能不同。计算工资费用是要根据不同的人员类别来进行财务核算,在计算成本费用时也要根据不同的人员类别进行分配、分摊。因此对人员进行分类有助于实现工资的多极化管理,为企业提供不同类别人员的工资信息。

对企业的人员类别进行分类设置和管理,一般是按树形层次结构进行分类。系统预置了在职人员、离退人员、离职人员和其他人员四类顶级类别,在此基础上用户可以自定义扩充人员子类别。顶层人员类别由系统预置,不能增加。在人员类别设置中,可以进行人员类别的增加、修改和删除操作。

修改人员类别时,档案编码不可修改;如果人员类别已被引用,则不允许删除。

2. 人员档案

人员档案的设置用于登记工资发放人员的姓名、职工编号、所在部门、人员类别等信息,处理员工的增减变动等情况。

当打开一个工资类别后,在薪资管理系统中就会出现【设置】|【人员档案】节点,可进行人员档案的增加、修改、删除、替换、定位等处理。人员档案的处理是针对于某个工资类别的,即应先打开相应的工资类别。

增加人员不是直接在薪资管理系统中新增人员,而是从基础平台中设置的人员档案中选人,备选人员为未存在与本工资类别/发放次数中的所有基础平台人员档案,有调出标志的人员也不能再次选择。增加方式有两种,一种是逐一增加,另一种是批量增加,可以按照人员类别一次性将多个人员档案选入。

3. 银行档案

当企业发放工资采用银行代发形式时,需要确定银行的名称及账号的长度,发放工资的银行可按需要设置多个。

银行名称:银行名称不允许为空,长度不得超过 20 个字符。

银行编码:银行编码不允许为空,长度不得超过 5 个字符。

个人账户规则:

(1)账号是否定长是指银行要求所有人员的账号长度必须相同。

(2)录入时需要自动带出的账号长度是指在录入个人账号时,从第二个人开始,系统根据用户在此定义的长度自动带出前一个人账号的前 N 位,提高用户录入速度。

企业账户规则:

(1)账号长度不得为空,且不能超过 30 位。

(2)账号是否定长是指此银行要求所有企业的账号长度必须相同。

在银行档案窗口中,可以进行增加、修改、删除银行档案的操作。银行编码不允许修改,已使用的银行档案不能删除。

4. 人员附加信息

各企业管理要求及精细程度不同,对人员档案管理的具体内容、项目也有所区别。有的企业除了人员编码、人员姓名、所在部门、人员类别等基本信息外,为了管理的需要还需要一些辅助管理信息。薪资管理系统提供了人员附加信息的设置功能，从一定程度上丰富了人员档案管理的内容，便于对人员进行更加有效的管理。

5. 工资项目

工资项目是工资数据的载体，能否正确存放并计算工资数据取决于工资项目的设置。工资项目设置即定义工资核算所涉及的项目名称、类型、宽度等。薪资管理系统中提供了一些固定的工资项目，它们是工资账中不可缺少的。主要包括："应发合计""扣款合计""实发合计"；若在工资建账时设置了【扣零处理】，则系统在工资项目中自动生成"本月扣零"和"上月扣零"两个指定名称的项目；若选择了【扣税处理】，则系统在工资项目中自动生成"代扣税"项目；若选择了【是否核算计件工资】，则系统在工资项目中自动生成"计件工资"项目，这些项目不能删除和重命名。其他项目可根据实际情况定义或参照增加。

对于单工资类别的工资账套，设置工资项目就是设置整个工资账套所使用的工资项目。而对于设有多个工资类别的工资账套，在未打开任何工资类别与已打开某一工资类别时设置工资项目，针对的工资类别范围是不一样的。前者是针对所有工资类别设置公共工资项目，这是设置某一工资类别所属工资项目的前提；后者是针对已打开工资类别设置专用工资项目，专用工资项目只能从公共工资项目中选取。因此，必须先针对所有工资类别设置公共工资项目，然后才能打开某个工资类别，设置该工资类别的专用工资项目。否则，设置某个工资类别的工资项目时，【名称参照】下拉列表框为空，即没有工资项目可供选择。

工资项目类型：系统提供数字和字符两种数据类型以供选择。

工资项目长度、小数：用于设置数据的最大容量。如果为数字型数据，还需要指定小数位数；如果为字符型数据，则小数位一栏不可选，增减项一栏自动为"其他"。

工资项目计算属性：如果设为"增项"，则该工资项目自动成为"应发合计"的组成项目；如果设为"减项"，则该工资项目自动成为"扣款合计"的组成项目；如果设为"其他"，则该工资项目既不计入"应发合计"项，也不计入"扣款合计"项。

工资项目名称必须唯一。已使用的工资项目不可删除，不能修改数据类型。系统提供的固定工资项目不能修改。

6. 工资类别

工资类别是指在一套工资中，根据不同情况而设置的工资数据管理类别。如果企业中将正式职工和临时职工分设为两个工资类别，两个类别都同属同一套工资套。

可以对工资类别进行建立、打开、关闭和删除的操作。

7. 计算公式

在各项工资项目中，有些项目与其他项目有紧密联系，如"实发工资"等于"应发合计"减去"扣款合计"。为了实现自动计算，提高工资计算的准确度，在工资系统中设置各工资项目间的计算公式很有必要。

在设置计算公式之前，首先应根据所选的工资类别选择相应的工资项目，然后再对其进行工资项目计算公式的定义。

三、工作过程

对南京钟山机械设备有限公司工资账套的基础档案进行设置。

1. 设置工资类别

（1）在薪资管理系统中,执行【工资类别】|【新建工资类别】命令,打开【新建工资类别】对话框,如图3-1-8所示。

（2）输入新建工资类别名称"正式职工",工资类别名称最长不得超过15个汉字或30个字符,单击【下一步】按钮。

（3）选择新建工资类别所包含的部门。在本例中包含所有部门,可以单击【选定全部部门】按钮,或者单击部门前的"+"号,展开其下属部门树形结构,再逐个选择工资类别所包含的部门,如图3-1-9所示。

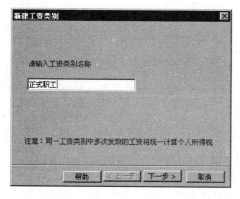 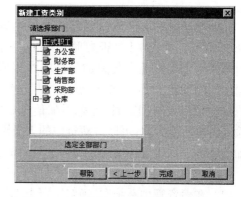

图3-1-8 【新建工资类别】对话框(1)　　图3-1-9 【新建工资类别】对话框(2)

（4）单击【完成】按钮,确定工资类别的启用日期,建立工资类别完成,系统自动打开新建的工资类别。

2. 设置人员类别

（1）在工作列表的【设置】页签中,执行【基础档案】|【机构人员】|【人员类别】命令,打开【人员类别】窗口。

（2）从左侧人员类别目录中选择【在职人员】,然后单击【增加】按钮,打开【增加档案项】对话框。在对话框中输入档案编码"101",档案名称"行政管理人员"。

（3）单击【确定】按钮,保存此记录。

（4）按照第二步的操作,在【增加档案项】对话框中依次增加销售人员、供应人员、车间管理人员、仓管人员及生产人员类别,如图3-1-10所示。

图3-1-10 基础档案

3. 设置人员附加信息

（1）在用友U8薪资管理系统界面,执行【设置】|【人员附加信息设置】命令,打开

【人员附加信息设置】窗口。

（2）单击【增加】按钮,在【信息名称】文本框中输入人员附加信息项目名称,或从
【参照】下拉列表中选择项目,选择【身份证号】,
然后再次单击【增加】按钮,保存新增内容,如
图 3 - 1 - 11 所示。

（3）设置完成以后,利用列表右侧的上、下箭
头调整项目的先后顺序。

（4）单击【确定】按钮,返回薪资管理系统
界面。

如果增加的附加信息需要设置参照内容,则
选择该项内容,并选中【是否参照】,单击【参照信
息】按钮,可以设置此人员附加信息的参照值;如
果增加的附加信息为必输项,就选中【是否必输
项】,则在录入人员档案时,此条附加信息必须保

图 3 - 1 - 11　人员附加信息设置

证输入内容不能为空;可以对薪资中的人员附加信息与人事基础信息设置对应关系,这些
附加信息可分别通过手动或自动方式与 HR 的对应人员信息保持一致。

4. 设置工资项目

（1）在薪资管理系统中,确定工资类别为关闭状态。

（2）执行【设置】|【工资项目设置】命令,打开【工资项目设置】对话框,如图 3 - 1 - 12
所示,工资项目列表中显示系统提供的固定工资项目。

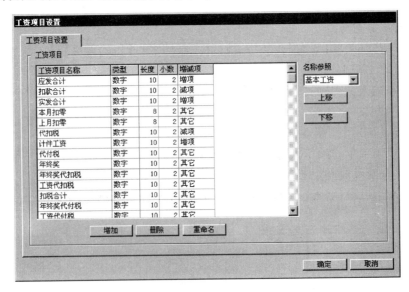

图 3 - 1 - 12　工资项目设置

（3）单击【增加】按钮,在工资项目列表末增加一空行。输入工资项目名称,从【名称
参照】下拉列表中选择系统提供的常用工资项目;如果【名称参照】下拉列表中没有需要
增加的工资项目名称,可以直接输入。

（4）单击工资项目列表右侧的向上、向下移动箭头可调整工资项目的排列顺序。

（5）单击【确定】按钮保存设置，若放弃设置则单击【取消】按钮。

（6）单击【重命名】按钮，可修改工资项目名称。

（7）选择要删除的工资项目，单击【删除】按钮，确认后即可删除。

5. 设置部门档案

（1）在薪资管理系统中，执行【设置】|【部门设置】命令，打开【部门设置】对话框。

（2）选中当前打开的工资类别进行工资核算的对应部门，如图3-1-13所示。

（3）单击【确定】按钮保存设置。

已被使用的部门不能取消选择；设置部门档案功能仅在打开工资类别状态下可见。

企业部门档案的增加、修改等维护工作是在企业应用平台中进行的，可通过执行【设置】|【基础档案】|【机构人员】|【部门档案】命令进行设置，它是为整个 ERP 系统服务的基础档案。而此处的部门设置仅仅是为薪资管理系统自身设置的。

6. 设置人员档案

方法一：逐一增加

（1）打开"正式职工"工资类别后，执行【设置】|【人员档案】命令，进入【人员档案】窗口。

（2）单击【增加】按钮，打开【人员档案明细】对话框。

（3）单击【人员姓名】栏的参照按钮，可调出【人员选入】对话框，如图3-1-14所示，可以对公共基础档案中已经存在的人员进行选择。

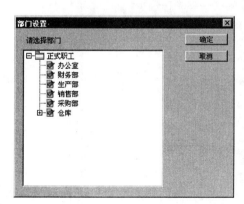

图3-1-13　部门设置　　　　　图3-1-14　人员档案设置(1)

（4）单击要新增的人员记录，可带入人员编号、人员姓名及人员类别并返回【人员档案】窗口，再进行其他信息的编辑，如图3-1-15所示。

（5）核对或选择部门信息，必须为末级部门。若公共档案中人员对应的行政部门为末级部门且在当前工资类别/发放次数对应部门范围中，则系统自动带入，否则要手工选择。

（6）根据需要完成人员相关内容编辑后，单击【确定】按钮保存人员信息。保存后可以继续增加其他人员。

方法二：批量增加

（1）打开"正式职工"工资类别后，执行【设置】|【人员档案】命令，进入【人员档案】窗口。

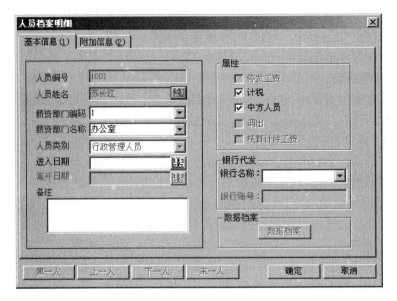

图 3 - 1 - 15　人员档案设置(2)

(2) 单击【批增】按钮,打开【人员批量增加】对话框,如图 3 - 1 - 16 所示。

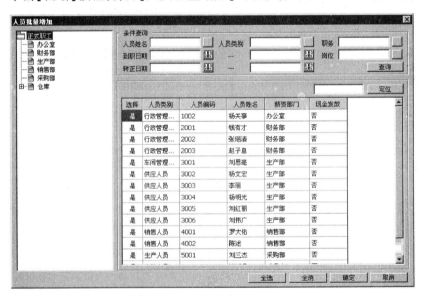

图 3 - 1 - 16　人员档案设置(3)

(3) 在左边栏目中,单击【正式职工】,右边列表中将会出现所有使用该工资类别/发放次数核算工资的部门中的职员信息。

(4) 右边栏目中,人员的【选择】栏全部默认为选中状态,在不需要增加的人员的对应【选择】栏双击,可取消选中状态。

(5) 如果要修改薪资部门,则双击【薪资部门】选择对应人员的部门,先删除原来系统自动带出的部门,再选择正确的薪资部门。注意:若公共档案中人员对应的行政部门为末级部门,且在当前工资类别/发放次数对应部门范围中,则系统自动带入,否则要手工选择。

（6）单击【确定】按钮,将本次选中人员批量增加为当前工资类别/发放次数中的人员,返回【人员档案】窗口。

（7）批量增加人员档案后,还要再根据情况对每个人员的薪资管理相关基本信息、附加信息进行修改,结果如图 3 - 1 - 17 所示。

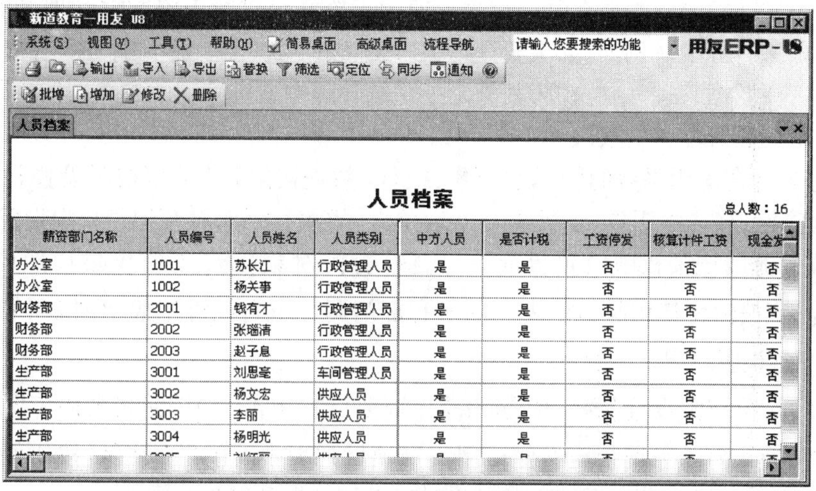

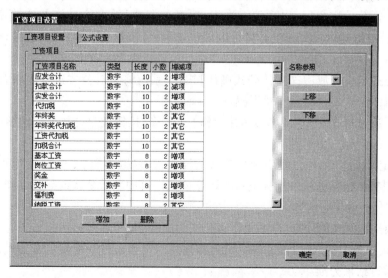

图 3 - 1 - 17　人员档案设置(4)

7. 本工资类别工资项目选择

（1）在薪资管理系统中,打开【正式职工】工资类别下的【工资】发放次数。

（2）执行【设置】|【工资项目设置】命令,打开【工资项目设置】对话框。

（3）单击【工资项目设置】页签,单击【增加】按钮,在工资项目列表末增加一空行。

（4）从【名称参照】下拉列表中选择需要增加进来的工资项目,如图 3 - 1 - 18 所示。增加某个工资类别下的工资项目时,只能从系统提供的名称参照中进行选择,不能修改工资项目的任何属性。【名称参照】中列出了事先建立的所有工资类别的工资项目。

图 3 - 1 - 18　从参照中选择本工资类别所需工资项目

（5）操作完成之后，单击【确定】按钮。

注意：

在日常工作中，有时特定的某一薪资管理人员只能对某些工资类别中的部分部门或者工资项目有查询和录入工资数据的权限。为了满足这一需求，财务软件对薪资系统的使用做了一定的权限控制。在某一用户要使用工资系统进行工资数据管理之前，需要对其数据权限进行分配。例如，如果要让杨关事负责正式职工工资类别下所有部门所有工资项目的工资数据管理，则应在为其分配了系统管理中薪资管理的相关功能权限后，再按照以下方法为其分配工资权限。

① 进入企业应用平台的【设置】页签，执行【数据权限】|【数据权限设置】命令，进入【权限浏览】窗口，选中用户"杨关事"，然后单击【授权】按钮，打开记录权限设置窗口。

② 在打开的记录权限设置界面中，选择【分配对象】为【工资权限】，然后选中【部门】，单击 》按钮将禁用部门列表中的所有部门调整至右侧可用部门列表中。单击【保存】按钮保存设置结果。

③ 在【记录权限设置】窗口中，选中【工资项目】，单击 》按钮将禁用工资项目名称列表中的所有工资项目调整至右侧可用工资项目列表中。单击【保存】按钮保存设置结果。这样，杨关事进入薪资系统后就可以进行工资数据的管理了。

8. 设置计算公式

（1）在【工资项目设置】对话框中，单击【公式设置】页签，进入公式设置页签后，对系统固定的工资项目"应发合计"、"扣款合计"、"实发合计"几项，系统根据工资项目中设置的"增减项"自动给出计算公式。其中"应发合计"自动设为所有增减项为增项的工资项目之和，"扣款合计"自动设为所有增减项为减项的工资项目之和。"应发合计"与"扣款合计"的公式不能通过重新定义公式的方法进行修改，如果公式错误，则应该检查工资项目的增减项，增减项设置正确后公式会自动调整。

（2）单击【增加】按钮，从工资项目下拉列表中选择【缺勤扣款】。

（3）单击公式定义区，出现编辑光标，选择工资项目【基本工资】；在运算符区域单击【/】按钮，继续输入"22"；在运算符区域单击【*】按钮；选择工资项目【缺勤天数】，如图3-1-19所示。

（4）公式定义完成后，单击【公式确认】按钮，系统将会对公式进行逻辑合法性检查，不符合逻辑的公式系统将给出错误提示。

（5）可通过单击工资项目框旁的【上移】、【下移】按钮调整计算公式的顺序。

注意：

① 在定义公式时，可以使用函数公式向导输入，函数参照、工资项目参照、部门参照和人员类别参照编辑输入该工资项目的计算公式。其中函数公式向导只支持系统提供的函数。

② 工资项目中没有的项目不允许在公式中出现。

③ 公式中可引用已设置公式的项目，相同的工资项目可以重复定义公式，多次计算，以最后的运行结果为准。

④ 定义公式时要注意先后顺序，先得到的数应先设置公式。应发合计、扣款合计和

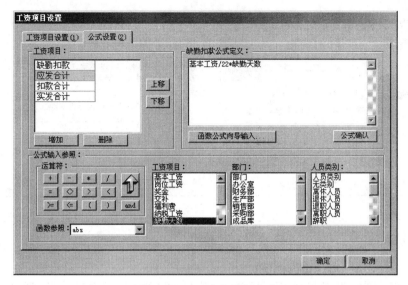

图 3 - 1 - 19　定义计算公式

实发合计公式应是公式定义框的最后三个公式,且实发合计的公式要在应发合计和扣款合计公式之后。

⑤ 公式中使用的符号都必须在半角输入法或英文输入法下录入。

四、任务练习

1. 设置"在岗人员工资"工资类别,用于核算所有人员的工资。

2. 增加"基本工资"、"奖金"、"交补"、"缺勤天数"、"缺勤扣款"、"代扣住房公积金"、"纳税工资"等工资项目。

3. 设置"缺勤扣款"、"代扣住房公积金"的计算公式。

　　① 缺勤扣款 = 基本工资/21.75 * 缺勤天数

　　② 代扣住房公积金 = (基本工资 + 岗位工资 + 奖金 + 交补 + 福利费) * 0.12

4. 设置交补计算公式。南京钟山机械设备有限公司规定,销售人员的交补是600元,除销售人员以外其他各类人员的交补为200元。

提示:根据公司交通补助发放规定,交补项目可用系统内置 iff 函数赋值,计算公式为:交补 = iff(人员类别 = "销售人员",600,200),设置过程如下。

(1)在【工资项目设置】对话框中,单击【公式设置】页签,进入公式设置页签。

(2)单击【增加】按钮,从工资项目下拉列表中选择【交补】。

(3)单击【函数公式输入向导】按钮,打开【函数向导——步骤之1】对话框。在【函数名】列表中选择 iff 函数,对应的函数说明及范例可见窗口右侧,如图 3 - 1 - 20 所示。

(4)单击【下一步】按钮,打开【函数向导——步骤之2】对话框。单击【逻辑表达式】右侧的参照按钮,打开【参照】对话框。

(5)从下拉列表中选择【人员类别】,从人员类别列表中选择【销售人员】,单击【确认】按钮,返回【函数向导——步骤之2】对话框,如图 3 - 1 - 21 所示。

(6)在【算术表达式1】文本框中输入"600",在【算术表达式2】文本框中输入"200",单击【完成】按钮,返回【公式设置】页签。

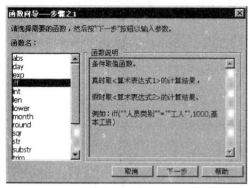
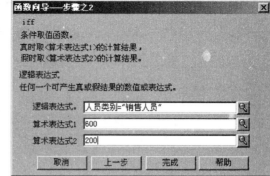

图3-1-20 函数向导——步骤之1　　　　图3-1-21 函数向导——步骤之2

(7) 公式定义完成后,单击【公式确认】按钮,系统将对公式进行逻辑合法性验证,不符合逻辑公式系统将给出错误提示。

注意:iff 函数可以嵌套使用。例如,如果人员类别是行政管理人员,则奖金为1 200元,如果人员类别是车间管理人员,则奖金为1 000元,其他各类人员的奖金均为600元。满足以上条件的函数表达式为:iff(人员类别 = "行政管理人员",800,iff(人员类别 = "车间管理人员",1000,600))。

模块二　工资计算与账务处理

薪资系统的业务处理主要包括对所有人员的工资数据的处理,自动计算个人所得税,自动计算、汇总工资数据;自动完成工资分摊和相关费用计提,生成转账凭证传递到总账系统,从而实现统一工资核算的功能。

学习目标

1. 熟悉电算系统中薪资管理业务处理的流程;
2. 能掌握工资变动、扣缴所得税及银行代发工资文件的设置;
3. 能熟练掌握工资分摊的设置及转账凭证的生成;
4. 能掌握月末处理及反结账的操作步骤及注意事项;
5. 能掌握工资数据的统计分析方法,能查询账表及凭证;
6. 熟悉工资数据的维护方法。

工作过程

1. 工资变动管理;
2. 扣缴所得税的操作及个人所得税扣缴申报表的生成;
3. 设置并生成银行代发工资文件;
4. 工资分摊类型的设置;
5. 转账凭证的生成;

6. 月末处理及反结账操作；

7. 各类工资表及工资分析表的查询和打印；

8. 记账凭证的查询、删除和冲销；

9. 人员调动及人员信息复制。

任务一 工 资 计 算

工资的日常业务处理主要包括对个人工资数据进行录入、调整、计算、代缴所得税、发放等工作。在个人的工资项目中，有些工资项目是相对固定的，如基本工资，一般只需要输入一次；而有些工资项目是变动的，如缺勤扣款，每月应根据实际数据进行输入。

一、明确任务

南京钟山机械设备有限公司2013年1月的工资数据见表3-2-1。

表3-2-1 2013年1月工资数据 单位：元，天

员工编号	员工姓名	所属部门	基本工资	岗位工资	奖金	交补	福利费	缺勤天数
1001	苏长江	办公室	1 500	800	1 200	200	100	
1002	杨关事	办公室	2 000	1 200	1 800	200	100	
2001	钱有才	财务部	3 000	1 500	1 200	200	100	
2002	张瑙清	财务部	2 600	1 200	1 200	200	100	1
2003	赵子息	财务部	1 800	800	1 200	200	100	
3001	刘思毫	生产部	1 800	1 500	1 500	200	100	
3002	杨文宏	生产部	1 500	1 200	1 200	200	100	1
3003	李丽	生产部	1 500	800	800	200	100	
3004	杨明光	生产部	1 500	1 000	1 300	200	100	
3005	刘红丽	生产部	1 200	1 000	1 200	200	100	
3006	刘伟广	生产部	1 200	1 000	700	200	100	
4001	罗大佑	销售部	1 700	1 200	2 600	600	100	
4002	陈述	销售部	1 500	800	2 200	600	100	
5001	刘三杰	采购部	1 800	1 000	2 500	200	100	
6001	谢诚品	成品库	1 500	700	1 200	200	100	
6002	王管料	材料库	1 600	700	1 200	200	100	2

要求：

（1）请完成表3-2-1中工资数据的录入处理。

（2）录入完成之后进行工资数据计算与汇总处理。

（3）使用最新税率表计算个人所得税，并输出纳税申报表。

二、知识准备

1. 工资变动

初次使用薪资管理系统必须将所有人员的基本工资数据输入系统，每月发生的工资

数据变动也在此进行调整。这样在以后的正常使用中,只需对个别变动的工资项目进行调整,即可自动生成当月的工资数据。在工资变动处理之前,需要实现设置好工资项目及计算公式。

在工资变动界面,先是所有员工的所有工资项目,可以直接录入数据,也可以通过筛选/定位、页编辑、替换、过滤器、定位器等方法,快速、准确地进行数据录入或修改。

2. 工资分钱清单

工资分钱清单是按单位计算的工资发放分钱票面额清单,是针对采用现金进行发放工资的企业的,而采用银行代发工资的企业一般无须进行工资分钱清单的操作。为了能方便、快捷地发放工资,每月财务人员根据职工的个人工资金额,计算各种人民币面额需要量,然后按照部门进行汇总,并得到整个企业的工资发放取款单。根据工资发放取款单,到银行提取适合分发工资的、不同面额的货币张数。本功能有部门分钱清单、人员分钱清单、工资发放取款单三部分。

3. 扣缴所得税

个人所得税是根据《中华人民共和国个人所得税法》对个人(自然人)取得的各项应税所得为对象征收的一种税。本系统所提供的扣缴所得税功能,对属于同一工资类别下的多个发放次数中发放的工资进行统一计税。一般由用户设定各级扣税基数和相应的所得税率,系统自动计算个人所得税。

1)扣税基数

"个人所得税扣缴申报表"是个人纳税情况的记录,系统提供对表中栏目的设置功能。一般把"纳税工资"作为系统扣税基数对应的工资项目,当跨地区企业扣税起征点不同时,可以在工资项目中单独设置应税所得项,输入每个人的扣税起征点金额或计算公式,并把这个项目作为对应的扣税项目。

2)税率表

薪资管理系统提供了国家颁布的工资、薪金所得税适用的7级超额累进税率,税率为3%～45%,级数为7级,纳税基数为3 500元,附加费用为2 800元。用户可以根据实际需要调整费用基数、附加费用和税率。

3)个人所得税计算

当税率定义完成确认后,系统将根据用户的设置自动计算并生成个人所得税申报表。如果用户修改了"税率表"或重新选择了"收入额合计"项,则用户在退出个人所得税功能后,需要到数据变动功能中执行重新计算功能,否则系统将保留用户修改个人所得税前的数据状态。

4. 银行代发

银行代发工资,首先要求企业为每个员工开设一个银行工资储蓄账户,并设该银行为发放工资的开户行,然后每月工资发放日到来时企业根据每位员工的工资数额通知开户行将企业账户上的对应金额划转到每位职工的账户中,职工个人可以凭存折或信用卡自由存取。这种做法有效地减轻了财务人员的工作负担,同时又起到了对职工个人工资金额的保密作用。

银行代发工资一般包括设置银行文件格式、选择银行代发输出格式和银行代发文件输出。

三、工作过程

按要求完成对表3-2-1中工资数据的录入,进行工资计算与汇总,并计算个人所得税。

1. 录入工资数据

(1) 在薪资管理系统的"在职人员"工资类别中,执行【业务处理】|【工资变动】命令,打开【工资变动】窗口。

(2) 按照表3-2-1中的数据,分别录入每个员工的各工资项目数据(福利费和缺勤天数两项除外);或者通过【工资变动】窗口提供的【编辑】按钮,对选定的个人进行快速录入,单击【上一人】按钮、【下一人】按钮可变更人员,录入或修改其他人员的工资数据;还可以通过过滤器或者定位器进行筛选或定位后进行录入。结果如图3-2-1所示。

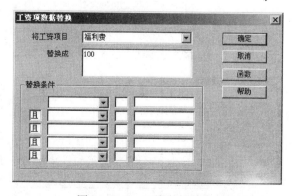

图3-2-1 工资变动

(3) 单击工资变动表左上方的【全选】按钮,选中所有人员的工资数据,然后单击【替换】按钮,打开【工资项数据替换】对话框,在【将工资项目】对应的下拉列表中选择【福利费】项,【替换成】输入框中输入"100",由于所有员工都是100元,所以【替换条件】可以不进行设置,如图3-2-2所示。

(4) 通过系统提供的【筛选】按钮或者【定位】按钮完成"缺勤天数"项目的输入。

2. 计算汇总

录入或修改完成以后,单击【计算】按钮和【汇总】按钮完成工资计算汇总。

在修改了某些数据、重新设置了计算公式、进行了数据替换或在个人所得税中执行了自动扣税等操作,必须调用【计算】按钮和【汇总】按钮功能对个人

图3-2-2 工资数据替换

工资数据重新计算,以保证数据正确。通常实发合计、应发合计、扣款合计在修改完工资项目数据后不自动计算合计项,如要检查合计项是否正确,需要先重算工资,如果不执行重算工资,在退出工资变动时,系统会自动提示重新计算。

在【工资变动】窗口,单击鼠标右键,从快捷菜单中选择【动态计算】打上"√",则在工资数据项目发生变动后,系统自动计算。

注意:为了便于用户录入和查询工资数据,系统提供了排序功能。在【工资变动】窗口,单击鼠标右键,从快捷菜单中执行【排序】命令,可以选择按人员编号、人员姓名或部门排序,如果需要按某个工资项目数据排序,只需将光标定位在该列中,然后单击鼠标右键,从快捷菜单中执行【排序】|【选择列】|【升序(降序)】命令即可。

3. 扣缴所得税

1) 选择申报表栏目

(1) 打开工资类别,执行【薪资管理】|【设置】命令,打开【选项】对话框,单击【扣税设置】选项卡,如图 3 - 2 - 3 所示。

(2) 单击【编辑】按钮,将【收入额合计】项所对应的工资项目由【实发合计】改为【纳税工资】,即以纳税工资扣除免征额之后计算出应纳税所得额。

(3) 设置完成后,单击【确认】按钮,完成申报表中收入对应工资项目的设置。

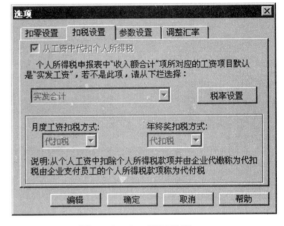

图 3 - 2 - 3　栏目选择

2) 税率表定义

(1) 执行【设置】|【选项】命令,打开【扣税设置】选项卡,进入编辑状态后,单击【税率设置】按钮,打开【税率表】对话框。在【基数】项后的文本框中按最新税率表输入"3 500",将第 1 级税率的应纳税所得额上限改为 1 500,税率改为 3%,然后依次修改 2~6 级税率,最后将第 9 级和第 8 级税率所对应的两行删除即可。结果如图 3 - 2 - 4 所示。

图 3 - 2 - 4　个人所得税税率定义

（2）设置完成之后，单击【确定】按钮保存设置。

注意：

① 应纳税所得额下限不允许改动。系统设定下一级的下限与上一级的上限相同。当用户调整某一级的上限时，该级的下限也随之改动。

② 当用户【增加】新的一级时，新增级数的上限即等于其下限加1，用户可根据需要调整新增级次的上限。

③ 系统税率表初始界面的速算扣除数由系统给定，用户可以进行修改；用户增加新的级次时，则该级的速算扣除数由用户自行输入。

④ 用户在删除税率的级次时，一定要注意不能跨级删除，必须从末级开始删除。税率表只剩下一级时将不允许再删除。

⑤ 统一工资类别下的发放次数税率设置必须一致。税率修改确认后同步本工资类别中其他发放次数中的税率设置，请从第一个发放次数开始依次重新计算。

3）个人所得税计算

当税率定义完成确认后，进入工资变动功能，重新计算和汇总工资数据。然后执行【薪资管理】|【业务处理】|【扣缴所得税】命令，选择所在地区和扣缴个人所得税报表模板，单击【打开】按钮，打开【所得税申报】对话框，选择查询方式和过滤设置，单击【确定】按钮后，系统将根据用户的设置自动计算并生成新的个人所得税申报表，如图3-2-5所示。若用户修改了【税率表】或重新选择了【收入额合计】项，则用户在退出个人所得税功能后，需要到工资变动功能中执行重新计算功能，否则系统将保留用户修改个人所得税之前的数据状态。

北京扣缴个人所得税报表

2013年1月 -- 2013年1月

总人数：16

序号	纳税人姓名	身份证照…	所得项目	所得期间	收入额	费用扣除…	应纳税所…	税率	应扣税额	已扣税额	备注
1	苏长江	身份证	工资	1	3900.00	3500.00	400.00	3	12.00	12.00	
2	杨关事	身份证	工资	1	5400.00	3500.00	1900.00	10	85.00	85.00	
3	钱有才	身份证	工资	1	6100.00	3500.00	2600.00	10	155.00	155.00	
4	张瑶清	身份证	工资	1	5400.00	3500.00	1900.00	10	85.00	85.00	
5	赵子息	身份证	工资	1	4200.00	3500.00	700.00	3	21.00	21.00	
6	刘思毫	身份证	工资	1	5200.00	3500.00	1700.00	10	65.00	65.00	
7	杨文宏	身份证	工资	1	4300.00	3500.00	800.00	3	24.00	24.00	
8	李丽	身份证	工资	1	3700.00	3500.00	200.00	3	6.00	6.00	
9	杨明光	身份证	工资	1	4200.00	3500.00	700.00	3	21.00	21.00	
10	刘红丽	身份证	工资	1	3800.00	3500.00	300.00	3	9.00	9.00	
11	刘伟广	身份证	工资	1	3300.00	3500.00	0.00	0	0.00	0.00	
12	罗大佑	身份证	工资	1	6300.00	3500.00	2800.00	10	175.00	175.00	
13	陈述	身份证	工资	1	5300.00	3500.00	1800.00	10	75.00	75.00	
14	刘三杰	身份证	工资	1	5700.00	3500.00	2200.00	10	115.00	115.00	
15	谢诚品	身份证	工资	1	3800.00	3500.00	300.00	3	9.00	9.00	
16	王管科	身份证	工资	1	3900.00	3500.00	400.00	3	12.00	12.00	
合计					74500.00	56000.00	18700.00		869.00	869.00	

图3-2-5　个人所得税扣缴申报表

四、任务练习

钟山机械设备有限公司进行多工资类别核算,并由公司代扣代缴个人所得税,工资发放时不扣零,不核算计件工资。请据此进行薪资系统初始化。

（1）所有生产人员的奖金增加10%。

① 【工资项数据替换】对话框中,在【将工资项目】后的下拉列表中选择【奖金】,在【替换成】输入框中输入"奖金＊1.1",【替换条件】下拉列表中分别选择【人员类别】＝【生产人员】,如图3-2-6所示。

图3-2-6　工资数据替换

② 单击【确定】按钮,即可实现将人员类别为生产人员的职工的奖金增加10%的操作。

（2）本月给企业行政管理人员的交补增加50元。

任务二　工资分摊及月末处理

薪资管理系统的月末处理是指对当月发生的工资费用进行工资总额的计算、分配及各种经费的计提,并自动生成转账凭证,传递到总账系统供登账处理之用;将当月数据经过处理后结转至下月,做好薪资管理月末结账工作。

一、明确任务

将南京钟山机械设备有限公司1月份的工资进行分摊,并按应付工资总额的14%计提福利费。

要求:完成本月工资分摊,生成转账凭证并进行月末处理。

二、知识准备

1. 工资分摊类型

首次使用工资分摊功能,应先进行工资分摊设置。所有与工资相关的费用及基金均需建立相应的分摊类型名称及分摊比例,如应付工资、应付福利费、职工教育经费、工会经费等。

2. 转账凭证生成

工资分配及费用分摊的结果最后应通过转账凭证的形式传递到总账,避免二次录入。

3. 月末处理

月末处理是将当月数据经过处理后结转至下月。每月工资数据处理完毕后均可进行月末结转。由于在工资项目中,有的项目是变动的,即每月的数据均不相同,在每月工资处理时,均需将其数据清零,而后输入当月的数据,此类项目即为清零项目。

月末结转只有在会计年度的1月至11月进行;若为处理多个工资类别,则应打开工资类别,分别进行月末结转;若本月工资数据未汇总,系统将不允许进行月末结转;进行期末处理后,当月数据不允许变动;月末处理功能只有主管人员才能执行。

4. 年末结转

新的年度到来时,应首先建立新年度账,然后在系统管理中执行【年度账】|【结转上

年数据】命令后,即可将工资数据经处理后结转至本年。此项操作需要账套主管在服务器上登录系统管理执行。

5. 反结账

当薪资管理系统结账后,发现还有某些事项需要在当月处理,比如,结账后发现某员工薪资计算结果有误,需要加以纠正;或者其他事项需要在已结账月进行账务处理,此时需要使用反结账功能,取消已结账标记。在薪资管理系统中执行【业务处理】|【反结账】命令,选择要反结账的工资类别,确认即可。

本功能只能有账套(类别)主管才能执行。若总账系统已经结账,或者成本管理系统上月已结账,或者汇总工资类别的会计月份等于反结账会计月份,且包括需反结账的工资类别的情况之下,系统不允许反结账。本月工资分摊、计提凭证传输到总账系统,如果总账系统已经制单并记账,需做红字冲销凭证后,才能反结账;如果总账系统未做任何操作,只需要删除此凭证即可;如果凭证已由出纳或主管签字,需取消签字,并删除该张凭证后,才能反结账。

三、工作过程

1. 工资分摊设置

(1) 执行【业务处理】|【工资分摊】命令,打开【工资分摊】对话框。在【工资分摊】对话框中单击【工资分摊设置】按钮,打开【分摊类型设置】对话框,如图3-2-7所示。

(2) 单击【增加】按钮,打开【分摊计提比例设置】对话框,输入新的工资分配计提类型名称"应付工资"和分摊计提比例"100%",如图3-2-8所示。

 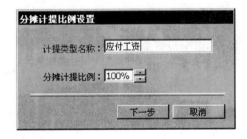

图3-2-7　工资分摊设置　　　　　图3-2-8　分摊计提比例设置

(3) 单击【下一步】按钮,打开【分摊构成设置】对话框,输入分摊构成设置,所有构成项目均可参照输入,如图3-2-9所示。

部门名称	人员类别	工资项目	借方科目	借方项目大类	借方项目	贷方科目	贷方项目大类
办公室,财务部	行政管理人员	应发合计	660201			221101	
生产部	车间管理人员	应发合计	5101			221101	
采购部	供应人员	应发合计	660202			221101	
销售部	销售人员	应发合计	660101			221101	
生产部	生产人员	应发合计	50010102			221101	
成品库,材料库	仓管人员	应发合计	660201			221101	

图3-2-9　分摊构成设置

（4）单击【完成】按钮,返回【分摊类型设置】对话框。

（5）单击【修改】按钮,可修改一个已设置的工资分配计提类型。

（6）单击【删除】按钮,可删除一个已设置的工资分配计提类型,已分配计提的类型不能删除,最后一个类型不能删除。

按照以上方法可完成对"应付福利费"的分摊类型设置。注意分摊构成设置中的工资项目应选【应发合计】,分摊计提比例为 14%。

2. 生成转账凭证

（1）执行【业务处理】|【工资分摊】命令,打开【工资分摊】对话框。

（2）选择参与本次费用分摊计提的类型、参与核算的部门、计提费用的月份和计提分配方式,以及选择费用分摊是否明细到工资项目(是否自动带出会计科目),如图 3-2-10 所示。

图 3-2-10 工资分摊

（3）以上设置完成之后,进入【应付工资一览表】界面,如图 3-2-11 所示。

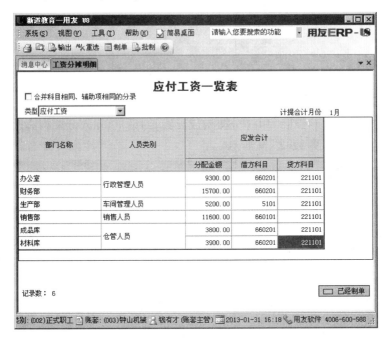

图 3-2-11 应付工资一览表

（4）在【应付工资一览表】界面,从【类型】下拉列表中选择不同的分摊类型,系统按选择的分摊类型显示相应的一览表。根据需要选择是否按【合并科目相同、辅助项相同的分录】生成记账凭证。

（5）单击【制单】按钮,将生成当前"分摊类型"所对应的一张凭证。

（6）选择【凭证字】,确认【凭证日期】,单击【保存】按钮,凭证左上角显示红色"已生成"字样,如图 3 - 2 - 12 所示则表明该凭证已经传递到总账系统。

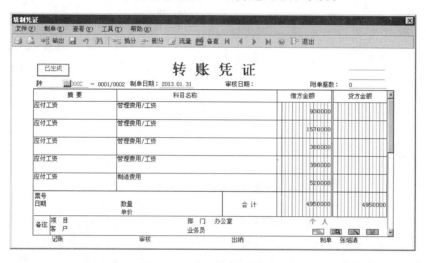

图 3 - 2 - 12　生成转账凭证

（7）在【应付工资一览表】界面,如果单击【批制】按钮,可以一次将所有本次参与分摊的"分摊类型"所对应的凭证全部生成。

3. 月末处理

（1）在薪资管理系统中,执行【业务处理】|【月末处理】命令,打开【月末处理】对话框,如图 3 - 2 - 13 所示。

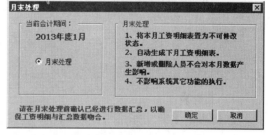

（2）单击【确定】按钮,弹出系统提示框【月末处理后,本月工资将不允许变动!继续月末处理吗?】,如图 3 - 2 - 14 所示。

图 3 - 2 - 13　月末处理

（3）若单击【否】按钮,则退回薪资管理主界面;单击【是】按钮,系统继续弹出提示框【是否选择清零项?】,如图 3 - 2 - 15 所示。

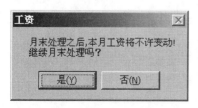

图 3 - 2 - 14　【月末处理】提示

图 3 - 2 - 15　【选择清零项】提示框

（4）若单击【否】按钮,则下月项目完全继承当月数据;若单击【是】按钮,打开【选择清零项目】对话框,如图 3 - 2 - 16 所示。

（5）选择需要清零的项目后，单击【确定】按钮，系统弹出提示框【月末处理完毕！】。并且按用户设置将清零项目数据清空，其他项目继承当前月数据。如果勾选【保存本次选择结果】选项，则本次选择的需清零的工资项目系统将予以保存，每月不必再重新选择。

注意：如果需要取消本月的月末处理（反结账），需要注册到下个月进行反结账处理。

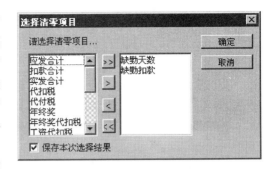

图 3 - 2 - 16　选择清零项目

四、任务练习

完成工资分摊、凭证生成和月末处理操作。

任务三　统计分析及维护

工资业务处理完成后，相关工资报表数据同时生成，这是计算机处理大大优于手工处理的表现点。系统提供了多种形式的报表反映工资核算的结果，报表的形式是工资项目按照一定的格式由系统设定，若对系统提供的报表固定格式不满意，可以修改表，或者新建表。

一、明确任务

南京钟山机械设备有限公司1月份工资业务处理完成之后，对账表进行查看。

二、知识准备

1. 工资表

工资表的主要功能是对反映本月工资发放情况的各种工资表进行查询和打印。系统中可以查看的工资表有：工资发放签名表、工资发放条、工资卡、部门工资汇总表、部门条件汇总表、人员类别汇总表、条件统计表、条件明细表、工资变动明细表和工资变动汇总表。

2. 工资分析表

工资分析表是以工资数据为基础，对部门、人员类别的工资数据进行分析和比较，产生各种分析表，以供决策人员使用。工资数据分析表包括：工资增长分析表、按月分类统计表、部门分类统计表、工资项目分析表、员工工资汇总表、按项目分类统计表、员工工资项目统计表、分部门各月工资构成分析表及部门工资项目构成分析表。

3. 数据上报

数据上报主要是指本月与上月相比新增人员数量信息及减少人员数量信息的上报，本功能是在基层单位账中使用，形成上报数据文件。单工资类别账时，一直可用，多工资类别时，需关闭所有工资类别才能使用。

人员信息包括人员档案的所有字段信息、工资数据包含的所有工资项目的信息。

4. 数据采集

数据采集是指人员信息采集,人员信息采集是指将人员上报盘中的信息读入系统中。该功能用于人员增加、减少,工资数据的变更。数据采集功能在单工资类别账时,一直可用,多工资类别时,需关闭所有工资类别才能使用。

5. 人员调动

当账套为多工资类别时,可利用人员调动功能,实现人员在不同工资类别之间的转换。

6. 人员信息复制

在采用多工资类别应用方案的前提下,当新建工资类别中的人员与已建工资类别中的人员信息相同时,可利用该功能将已建工资类别中的人员信息复制到新建工资类别中。

7. 汇总工资类别

在多工资类别中,以部门编号、人员编号、人员姓名为标准,将此三项内容相同人员的工资数据做合计。例如,需要统计所有工资类别本月发放工资的合计数,或者某些工资类别中的人员工资都由一个银行代发,希望生成一套完整的工资数据传到银行,则可使用此项功能。

三、工作过程

1. 查看账表

(1) 在薪资管理系统中,执行【统计分析】|【账表】|【工资表】命令,打开【工资表】对话框,如图 3 - 2 - 17 所示。选择要查看的工资表,单击【查看】按钮,在弹出的对话框中输入查询条件,即可得到相应的查询结果。

(2) 在薪资管理系统中,执行【统计分析】|【工资分析表】命令,打开【工资分析表】对话框,如图 3 - 2 - 18 所示。选择相应的分析表,单击【确定】按钮,输入条件,再单击【确定】按钮,即可得到相应的查询结果。

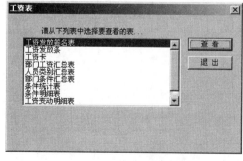

图 3 - 2 - 17　工资表

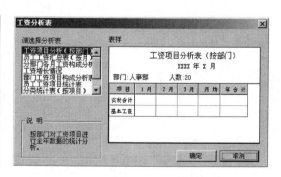

图 3 - 2 - 18　工资分析表

2. 人员调动

(1) 打开需调动人员所在的工资类别。

(2) 执行【数据维护】|【人员调动】命令,打开【人员调动】对话框。

(3) 从【当前类别人员】列表中选中要调出的人员,单击按钮选入【调出人员】列表中。

（4）在【调动至类别】下拉列表中选择该人员要调往的工资类别，并选择要调入的部门，单击【确定】按钮。

（5）执行【设置】|【人员档案】命令，查看当前工资类别下调动人员状态，调出人员的【停发工资】栏被自动修改。

四、任务练习

查看 2013 年 1 月的各部门工资情况以及生产人员工资汇总表。

项目四 固定资产管理

4

固定资产管理是财务管理的重要方面之一,能熟练进行固定资产系统的设置与应用是会计人员必备的基本技能,熟练应用固定资产管理系统进行固定资产的日常管理与核算是本项目所要达到的最终目标。

[项目具体目标]

- 熟悉固定资产系统账套的创建与设置;
- 能熟练进行原始固定资产卡片管理;
- 能熟练完成固定资产增加、减少与变动业务处理;
- 能完成折旧计算与账务处理;
- 能进行期末结账与计提折旧操作。

[项目工作过程]

- 初始固定资产账套;
- 管理固定资产原始卡片;
- 处理固定资产增减与变动业务;
- 计算固定资产折旧并进行账务处理;
- 期末结账处理。

模块一 固定资产系统初始化

固定资产系统初始化是企业应用固定资产管理系统进行固定资产日常管理与核算的基础,固定资产系统账套初创后,要根据单位自身固定资产核算与管理的具体情况,将基本业务数据输入系统。

学习目标

1. 能创建固定资产账套;
2. 会设置、修改基础信息;
3. 能录入固定资产原始卡片。

工作过程

1. 创建固定资产账套;
2. 设置基础信息;
3. 管理原始卡片。

任务一　创建固定资产账套

一、明确任务

南京机械设备有限公司财务处决定启用固定资产系统进行本公司的固定资产管理与核算,系统的设置与应用由张璐清负责。该单位固定资产管理与核算的基本原则是:固定资产分大类和小类进行管理,大类编码为 2 位,小类编码为 1 位,固定资产编码方式为类别编码 + 序号,序号编码为 3 位;除货车等运输设备采用工作量法外,全部固定资产均采用平均年限法按月计提折旧,某项固定资产使用年限至最后一个月份时将剩余折旧一次提完。

二、知识准备

以系统管理员或账套主管的身份注册进入系统管理,授予张璐清固定资产系统的功能权限。再由账套主管进入企业应用平台,在工作列表的【设置】页签执行【基本信息】|【系统启用】命令,启用【固定资产】,启用日期应当大于或等于系统账套的会计启用日期(提醒:在创建系统账套的过程中设定),这里可定为 2013 年 1 月 1 日。

注意:如果出现申请不成功的提示信息,可能是某些系统(如总账系统)正处于运行状态,须退出这些系统。有时需要重新登录企业应用平台,或由系统管理员 admin 在系统管理中清除异常任务,方能解决问题。

三、工作过程

1. 创建固定资产账套

由张璐清登录企业应用平台,根据明确任务要求创建南京机械设备有限公司固定资产账套。

(1)执行【业务工作】|【财务会计】|【固定资产】命令,首次登录固定资产系统时,显示如图 4 - 1 - 1 所示对话框。

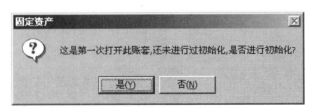

图 4 - 1 - 1　固定资产初始化提示对话框

(2)单击【是】按钮,进入创建固定资产账套程序,出现如图 4 - 1 - 2 所示的【初始化账套向导】对话框。

认真阅读资产管理的基本原则,"序时管理"原则具体表现在:当某日登录系统并进行业务处理,此后只能以该日期以后的日期登录才能再次进行业务处理;对业务处理流程控制也是序时的,如删除一张固定资产卡片,必须先删除该卡片的变动单等信息。

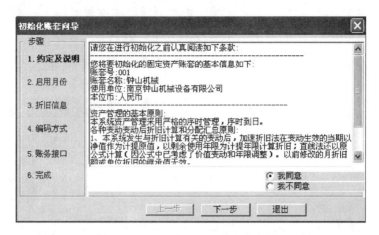

图 4 - 1 - 2　【初始化账套向导】对话框

（3）选中【我同意】选项，单击【下一步】按钮，则继续进行账套创建，弹出如图 4 - 1 - 3 所示启用月份提示页面，若单击【退出】按钮，则结束账套创建过程。

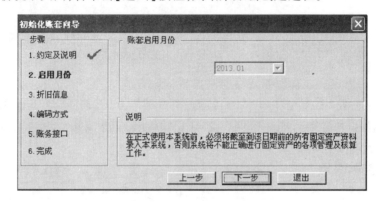

图 4 - 1 - 3　启用月份提示页面

（4）若单击【下一步】按钮，则设置折旧信息，如图 4 - 1 - 4 所示。

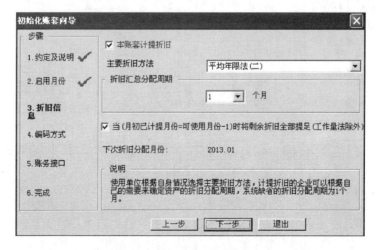

图 4 - 1 - 4　设置折旧信息页面

（5）按公司固定资产管理与核算原则设置折旧信息:【主要折旧方法】默认【平均年限法(二)】,折旧汇兑分配周期默认为1个月,勾选【当(月初已计提月份=可使用月份-1)时将剩余折旧全部提足】选项,单击【下一步】按钮,显示编码方式设置页面,如图4-1-5所示。

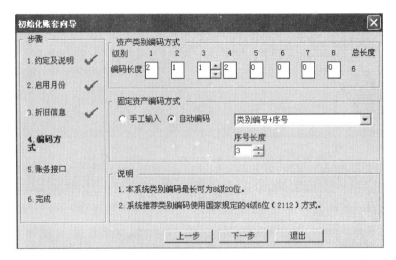

图4-1-5　编码方式设置页面

（6）按公司固定资产管理与核算原则设置编码方式:【资产类别编码方式】设二级,第一级2位,第二级1位,则总长度为3;【固定资产编码方式】选中【自动编码】选项,编码规则为【类别编号+序号】;序号长度设为3,单击【下一步】按钮,显示账务接口设置页面,设置与总账系统对账科目,如图4-1-6所示。

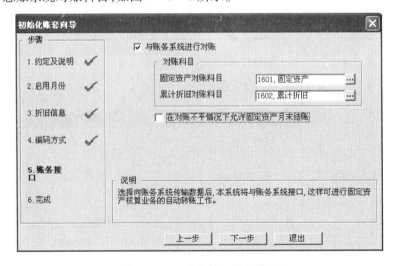

图4-1-6　账务接口设置页面

注意:弃选【在对账不平情况下允许固定资产月末结账】选项,表明固定资产系统中的资产原价与累计折旧两项数据与总账系统对应相等时方可进行月末结账。

（7）单击【下一步】按钮,显示如图4-1-7所示提示页面。

（8）单击【完成】按钮,显示如图4-1-8所示对话框。

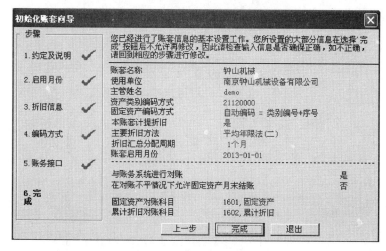

图4-1-7　提示页面

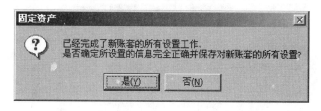

图4-1-8　完成账套创建提示对话框

（9）单击【是】按钮则保存新建账套信息，单击【否】按钮则返回如图4-1-7所示页面。

注意：新建固定资产账套信息一旦保存，将伴随系统账套存在，不能被单独删除，有些参数设置错误，如，【本账套计提折旧】参数误设为"否"，也不能被修改，因此，操作要谨慎。新建固定资产账套前应进行账套备份。

固定资产账套创建后，就可以登录系统进行基础设置或业务处理了。

2. 修改固定资产账套

固定资产账套创建过程中仅设置了最为基本的参数，在进行业务处理时往往还需使用更多的参数，另外，在固定资产账套创建过程中某些参数可能设置不当，或在处理业务时，需要对账套参数进行调整，如重置折旧汇兑分配周期等，此时，需要对固定资产账套参数进行修改或补充。

（1）执行【固定资产】|【设置】|【选项】命令，打开【选项】对话框，如图4-1-9所示。

【选项】对话框窗口有【基本信息】、【折旧信息】、【与账务系统接口】、【编码方式】和【其他】五个页签，除【基本信息】外，在每个页签单击【编辑】按钮，便可修改或补充设置。

（2）单击【折旧信息】页签，如图4-1-10所示，从中可以调整折旧信息参数。

（3）单击【与账务系统接口】页签，如图4-1-11所示，从中可以修改、补充账务处理参数。

注意：

① 与图4-1-6比较，可以补充设置【业务发生后立即制单】和【缺省入账科目】等业务处理控制参数。

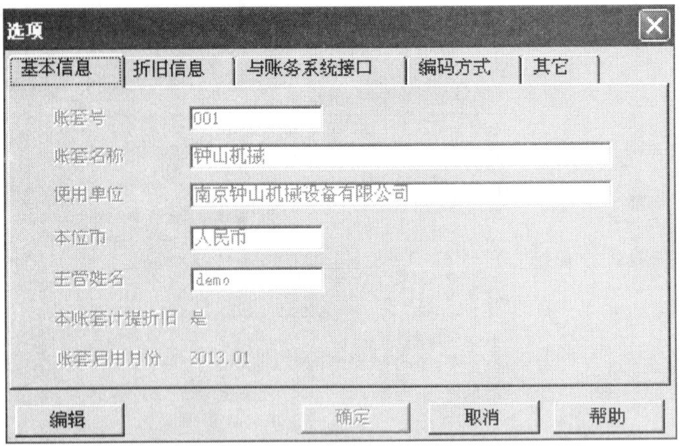

图 4-1-9 【选项】对话框(基础信息)

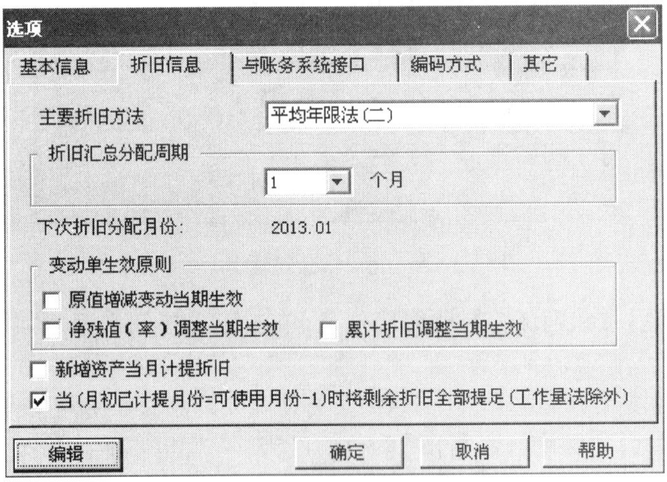

图 4-1-10 【选项】对话框(折旧信息)

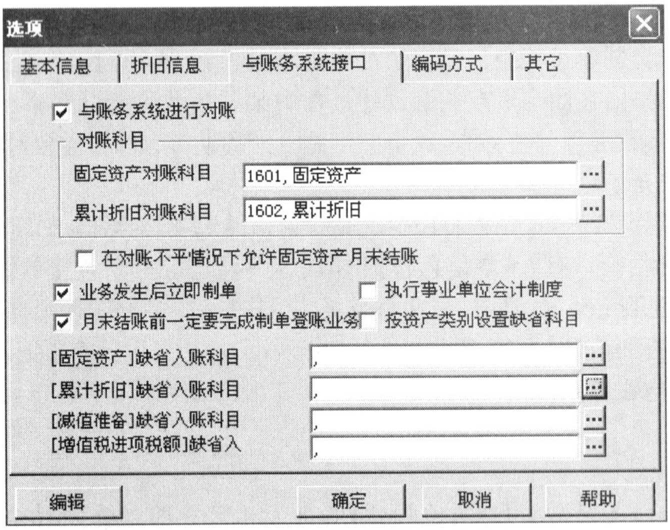

图 4-1-11 【选项】对话框(与账务系统接口)

② 勾选【业务发生后立即制单】选项,系统在发生增加、减少、变动、计提折旧等业务时提醒立即生成记账凭证,否则,由批量制单功能集中完成制单。

③ 勾选【月末结账前一定要完成制单登账业务】选项,系统要求发生的所有需要制单的业务必须全部生成记账凭证后固定资产系统才能结账。如果某些固定资产核算业务在总账系统中已经处理,此处应该弃选该项,以免重复记账。

④ 设置缺省入账科目,如图 4-1-12 所示,固定资产系统在进行业务制单时将自动带入所设入账科目,方便制单,提高制单的自动化程度,否则,需要手工录入科目。

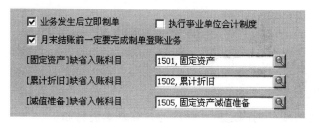

图 4-1-12　与账务系统接口设置

（4）单击【其他】页签,如图 4-1-13 所示。这里可以重置已减少资产卡片可删除时限、卡片等记录自动连续增加等业务控制参数。

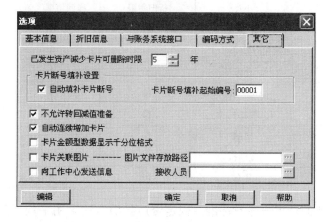

图 4-1-13　【选项】对话框(其他页面)

注意:

① 资产类别编码方式设定以后,一旦某类别被用过,则该类别编码中的级长不能修改。

② 自动编码方式只能选用一种,且不能重新选择,一经设定,该自动编码方式不能修改,因此,设置时需慎重。

四、任务练习

（1）根据任务描述创建南京机械设备有限公司固定资产账套。

要求:

① 折旧信息中,折旧计算方法采用平均年限法(二),其他用默认。

② 编码方式中,资产类别编码方式设为 2-1-1,固定资产编码采用手工输入。

③ 与账务系统接口中,根据会计科目列表设置与总账系统对账科目,对账不平时允许月末结账。

(2) 补充设置业务控制参数。

要求:

① 与账务系统接口中,根据会计科目列表设置固定资产、累计折旧和减值准备的缺省入账科目,业务发生后不用立即制单。

② 卡片不用自动连续增加。

任务二　设置基础信息

一、明确任务

南京机械设备有限公司固定资产管理与核算基本资料如下。

(1) 固定资产分类管理情况。本企业固定资产按性质分类,各类固定资产及折旧年限、净残值率和月折旧率见表 4 - 1 - 1。

表 4 - 1 - 1　各类固定资产折旧信息

大类	小类	折旧年限	净残值率/(%)	月折旧率/(‰)
房屋与建筑物	办公楼	30	4	2.7
	车间	30	4	2.7
	仓库	30	4	2.7
生产设备	生产线	10	2	8.2
	卷扬机	10	2	8.2
办公设备	电脑	5	1	10.3
	复印机	5	1	10.3
运输设备	货车	10	3	8.1

(2) 折旧费用的计提方法及标准。固定资产折旧方法采用平均年限法,按月分类计提折旧。

$$折旧费用 = (固定资产原价 - 预计净残值) \times 月折旧率$$
$$年折旧率 = (1 - 净残值率) \div 使用年限$$
$$月折旧率 = 年折旧率 \div 12$$

(3) 固定资产折旧费用按部门列账,生产部门的折旧费用列支生产成本,其他部门的折旧费用列入管理费用。

(4) 固定资产增加、减少业务按最新企业会计准则处理。

要求:根据上述情况,设置固定资产系统基础信息。

二、知识准备

1. 折旧费用列账科目

按配比原则,折旧费用应按受益对象进行分摊,实际工作中,通常有两种具体办法将折旧费用列入相应对象的成本或费用,一是按部门列支,如生产部门使用的固定资产,其折旧费用列入制造费用;二是按类别列支,如生产用固定资产,其折旧费用列入生产成本,用友财务软件要求按部门列支折旧费用。

2. 固定资产分类管理

固定资产种类、规格繁多,为了保证固定资产管理与核算的及时性、准确性,企业一般根据自身情况和管理要求,对固定资产进行分类管理,同一类固定资产,其基础信息,如使用年限、预计净残值率、折旧方法等基本一致。

3. 固定资产增减业务的账务处理

1) 固定资产增加的核算

固定资产增加的途径一般有直接购入、投资者投入、接受捐赠、盘盈等,增加途径不同,账务处理不完全一样。按新会计准则接受捐赠时,应借记"固定资产"账户,贷记"营业外收入——捐赠利得"账户;盘盈时,在有关部门批准前作为会计差错处理,应借记"固定资产",贷记"以前年度损益调整"账户,等等。

2) 固定资产减少的核算

固定资产减少的原因通常有出售、盘亏、投资转出等,减少原因不同,账务处理也不一样。例如,按新会计准则投资转出固定资产时,应借记"长期股权投资"账户,贷记"固定资产"账户和"应交税费"账户等。

固定资产增减账务处理对应的入账科目见表 4 – 1 – 2。

表 4 – 1 – 2 固定资产增减账务处理对应的入账科目

增加方式	贷方对应入账科目	减少方式	借方对应入账科目
直接购入	银行存款等	出售	固定资产清理、累计折旧
投资转入	实收资本等	盘亏	待处理财产损益——待处理固定资产损益、累计折旧
接受捐赠	营业外收入——捐赠利得	投资转出	长期股权投资、累计折旧
盘盈	以前年度损益调整	捐赠转出	固定资产清理、累计折旧
在建工程转入	在建工程	报废	固定资产清理、累计折旧
融资租入	长期应付款	毁损	固定资产清理、累计折旧

三、工作过程

1. 设置折旧费用列支科目

按明确任务中固定资产折旧费用按部门列账的要求设置折旧费用列账科目。

(1) 执行【固定资产】|【设置】|【部门对应折旧科目】命令,显示【部门对应折旧科目】窗口,如图 4 – 1 – 14 所示。

(2) 在右窗格选择某部门记录,单击【修改】按钮,或执行快捷菜单中的【修改】命令,显示如图 4 – 1 – 15 所示窗口。

(3) 单击【折旧科目】文本框右侧参照按钮,在科目参照列表中选择【管理费用—折旧费用】科目,单击【保存】按钮。

图 4-1-14 【部门对应折旧科目】窗口(1)

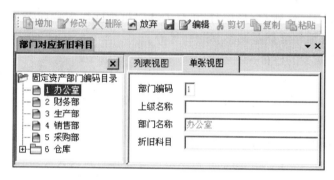

图 4-1-15 修改部门对应折旧科目窗口

用同样的操作步骤设置其他部门的折旧费用列支科目,结果如图 4-1-16 所示。

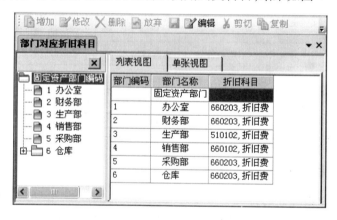

图 4-1-16 【部门对应折旧科目】窗口(2)

注意:如果成本费用科目没有设置折旧明细科目,应在会计科目档案增加。

2. 设置折旧方法

(1) 执行【固定资产】|【设置】|【折旧方法】命令,在【折旧方法】窗口浏览系统提供的折旧方法的计算公式,如图 4-1-17 所示。

按明确任务中所述折旧费用的计提方法及标准设置折旧方法,由于系统提供的折旧方法于南京机械设备有限公司的要求不相吻合,因此,需要增设折旧方法。

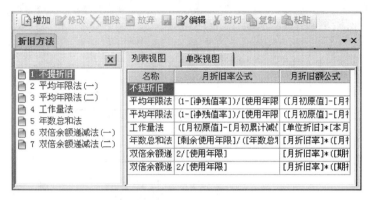

图 4 - 1 - 17　折旧方法列表

（2）单击【增加】按钮，打开【折旧方法定义】窗口，从中输入名称、月折旧率和月折旧额的计算公式，如图 4 - 1 - 18 所示。

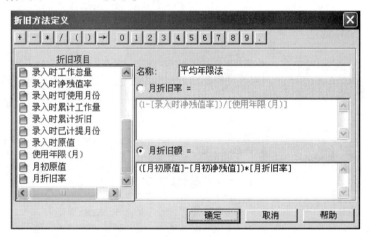

图 4 - 1 - 18　【折旧方法定义】窗口

计算公式中的折旧项目和运算符，既可以从折旧项目列表及工具栏中选择，也可以手工从键盘输入，如果是手工键盘输入，后者必须保证所输折旧项目与折旧项目列表中一致，且包括括号在内的运算符必须是半角符号。

3. 设置固定资产类别

按明确任务中所述固定资产分类管理情况设置固定资产类别。

（1）执行【固定资产】|【设置】|【资产类别】命令，打开【资产类别】窗口。

（2）单击【增加】按钮，在【单张视图】页签输入固定资产大类房屋与建筑物的分类信息，如图 4 - 1 - 19 所示。

注意：计提属性有【总提折旧】、【正常计提】和【总不提折旧】三项可以选择，根据具体固定资产类别进行选择，总提折旧是指在使用年限内不间断地计提折旧，如房屋与建筑物类；正常计提是指在正常使用期间计提折旧，如生产设备类；总不提折旧是指固定资产无论处于什么状态，都不提折旧，如土地类。

（3）单击【保存】按钮，在左窗格选择【01 房屋与建筑物】后单击【增加】按钮，进入房屋与建筑物大类中的小类定义，如图 4 - 1 - 20 所示。

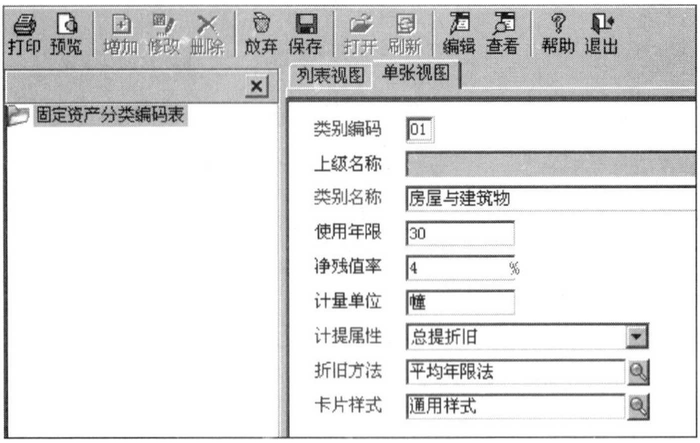

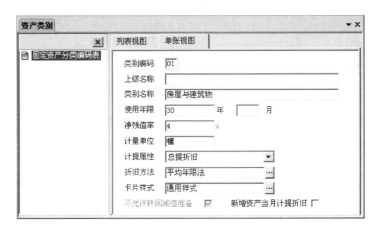

图 4 - 1 - 19 【单张视图】页签(1)

图 4 - 1 - 20 【单张视图】页签(2)

注意:除类别编码和类别名称两项,其他各项信息都会从上级类别中自动带入,可以修改。若某类别已经在业务处理中使用过,则该类别不可以修改。

(4) 单击【固定资产分类编码表】后单击【增加】按钮,继续进行固定资产大类定义。

(5) 单击【查看】按钮,执行其中的【展开】或【折叠】可以详细或省略显示分类信息。

4. 设置增减方式对应入账科目

按照企业会计制度中关于固定资产增减业务处理的规定,设置固定资产增减核算账务处理对应的入账科目,可以大大简化制证处理。

对于增加固定资产业务,借记"固定资产"科目,贷记科目因增加途径不同而异,需要根据增加方式进行设置,贷方可能涉及两个以上的会计科目,但系统只允许设置一个主要科目,其他科目只能在账务处理生成记账凭证时再作增加;对于减少固定资产业务,贷记"固定资产"科目,借记科目取决于减少原因,借方也可能涉及两个以上的会计科目,同样系统只允许设置一个主要科目。

(1) 执行【固定资产】|【设置】|【增减方式】命令,显示【增减方式】设置窗口,如图 4 - 1 - 21 所示。

图4-1-21　【增减方式】设置窗口

（2）在左窗格选择【1 增加方式】（或【2 减少方式】）后单击【修改】按钮,显示如图4-1-22所示窗口。

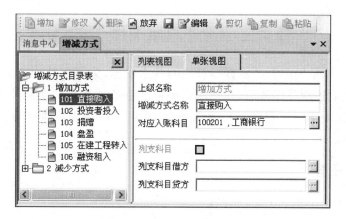

图4-1-22　设置增加方式

注意:【列支科目】一项在【与账务系统接口】(见图4-1-11)中勾选【执行事业单位会计制度】选项后才可以设置。

（3）将表4-1-2所列增减方式对应入账科目输入系统,具体操作步骤及方法同部门对应折旧科目设置,此处从略。任务结果如图4-1-23所示。

图4-1-23　任务结果图

四、任务练习

用同样的操作步骤设置其他固定资产类别,结果如图 4－1－24 所示。

图 4－1－24 【列表视图】页签

任务三 管理原始卡片

固定资产卡片是固定资产核算与管理的基本依据,为了保持固定资产核算与管理的连续性,完成上述两项任务后,在使用固定资产系统进行日常业务处理前,还须将建账日期前已经在用的固定资产卡片录入系统,相对于新增固定资产卡片,称之为原始卡片。

一、明确任务

南京机械设备有限公司固定资产台账记录见表 4－1－3。

表 4－1－3 固定资产台账记录

资产名称	使用部门	数量	增加方式	开始使用日期	原值/元	累计折旧/元	备注
一号楼	办公室、财务部、采购部、销售部	1 幢	在建工程转入	2005.3.1	195 000	40 355.7	销售部使用占10%,其他部门各占30%
一车间	生产部	1 幢	在建工程转入	2005.3.1	243 000	50 289.4	
A 生产线	生产部	1 台	直接购入	2005.3.1	17 000	3 518.19	
钻床	生产部	1 台	直接购入	2005.3.1	12 000	2 483.43	
一号库	材料库、成品库	1 幢	在建工程转入	2005.3.1	60 000	12 417.14	各占50%
东风货车	销售部	1 辆	直接购入	2005.10.10	82 000	16 970.09	预计可行走5万公里,已行走8千公里
B 复印机	办公室	1 台	直接购入	2007.4.16	4 500	931.29	
C 电脑	财务部	1 台	直接购入	2006.3.1	5 000	1 034.76	

要求:根据上述台账记录创建原始卡片档案。

二、知识准备

1. 固定资产卡片的设置

固定资产核算与管理中,每一固定资产登记对象都要设立固定资产卡片,进行明细核算。固定资产的登记单位,称为登记对象,是指在技术上能独立发挥作用的单独或成套物品,包括附属装备、用具等。例如,房屋以每幢为一登记对象,货车以每一辆为一登记对象;有些固定资产需要组合起来才能发挥作用,如电脑,则以主机、显示器等一个组合作为一个登记对象。安装在电脑中的软件,如果价值较大,一般单独作为一个登记对象进行管理与核算。

固定资产卡片是固定资产明细账,反映固定资产各方面的基本情况。

2. 固定资产卡片项目

固定资产卡片中的每一登记内容称为一个卡片项目,固定资产卡片项目较多,信息量较大,有核算方面的,如原值、折旧方法、折旧率、净残值率等;有管理方面的,如规格型号、存放地点、附属设备等。一般分为基本信息、附属设备、大修记录、转移记录、停启用记录等部分。固定资产卡片格式见表4-1-4和表4-1-5。

表4-1-4　固定资产卡片

卡片编号:　　　　　　　　　　　　　　　　　　　　　　　　　　日期:

固定资产编号	固定资产名称	
类别编号	类别名称	
规格型号	部门名称	
增加方式	存放地点	
使用状况	使用年限	开始使用日期
原值	净残值率	净残值
折旧方法	已计提月份	尚可使用月数
累计折旧额	月折旧率	月折旧额
净值	尚可计提折旧额	折旧费用类别

表4-1-5　固定资产卡片(背面)

附属设备	名称	规格	数量	设备变动	变动年月	变动金额	变动后日期	变动原因
移交记录	移交日期	使用部门	移交原因	大修记录	日期	凭证号	摘要	金额
					停用记录			
					停用日期	启用日期	停用原因	停用天数

每张卡片信息在固定资产系统中都以一条记录存储。

三、工作过程

1. 录入原始卡片

按表 4-1-3 所列固定资产台账记录录入固定资产卡片。

(1) 执行【卡片】|【录入原始卡片】命令,打开【固定资产类别档案】对话框,如图 4-1-25 所示。

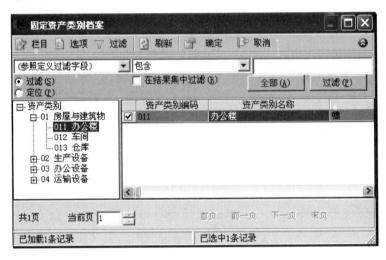

图 4-1-25 【固定资产类别档案】对话框

(2) 从资产类别列表中选择待录入卡片所属的末级资产类别,单击【确定】按钮,打开【固定资产卡片】输入窗口,如图 4-1-26 所示。

图 4-1-26 固定资产卡片

如果固定资产分类编码表记录很多,可以通过查询方式进行快速定位。

窗口中,【固定资产卡片】页签用于录入固定资产卡片正面信息。【附属设备】和【大修理记录】等页签用于录入固定资产卡片背面信息,只作参考,不参与计算。

(3) 从中输入各个卡片项目,单击【保存】按钮。如果执行【设置】|【选项】命令,在【选项】对话框的【其他】页签中勾选【自动连续增加卡片】选项,保存后自动给出一张空白卡片以供继续录入,否则,将只读显示该张卡片,可以修改或删除。

① 卡片编号:系统自动给出,不能修改。

② 固定资产编号:由于建立固定资产账套时设置的固定资产编码方式为:自动编码、格式为自动编号+序号、序号长度为3,因此,系统自动给出011001,不能修改,若将固定资产编码方式改为手工编码则可以修改。

③ 固定资产名称:默认为类别名称,可以修改,此处改为"一号楼"。

④ 类别编号:自动带出,可以修改,选择该项目后,标题【类别编码】立即转为命令按钮,单击此按钮,弹出资产类别参照表,可以从中选择输入。类似的项目还有【增加方式】和【使用状况】等,单击项目名称按钮,都会弹出相应参照表。

⑤ 开始使用日期:格式为 yyyy – mm – dd。原始卡片所记录的固定资产,其开始使用日期应小于卡片录入日期,开始使用日期直接影响录入系统当月的折旧计提。

⑥ 原值、累计折旧、净值:原值从键盘输入,累计折旧与净值任意输入其中一项,系统会自动计算并填入另一项。

⑦ 部门名称:固定资产使用部门,该项目决定折旧费用列支科目,执行【设置】|【部门对应折旧科目】命令。单击【部门名称】按钮,弹出【固定资产】对话框,如图 4 – 1 – 27 所示。

选中【多部门使用】选项后单击【确定】按钮,弹出【使用部门】对话框,如图 4 – 1 – 28 所示。

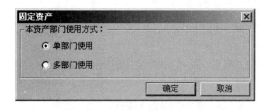

图 4 – 1 – 27　部门使用方式

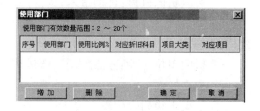

图 4 – 1 – 28　【使用部门】对话框

单击【增加】按钮,使用部门列表中增加一条空白记录,双击【使用部门】参照按钮,弹出【部门基本参照】窗口,如图 4 – 1 – 29 所示,从中选取使用部门后单击【确定】按钮,或双击选中部门。

对于"一号楼",根据台账记录,多部门使用设置如图 4 – 1 – 30 所示。

多部门使用比例之和为 100% ,使用比例即折旧费用分摊比例。

⑧ 使用年限、折旧方法:自动带入,可以修改。

⑨ 净残值率、净残值:净残值率自动带入,可以修改,净残值根据净残值率自动计算,净残值率与净残值任意修改其中一项,另一项也将自动计算。

⑩ 月折旧率:根据净残值率自动计算,卡片中不能修改。

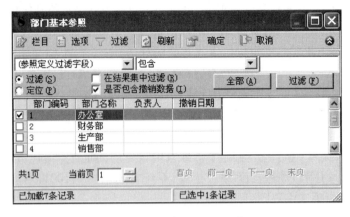

图 4 - 1 - 29 【部门基本参照】窗口

图 4 - 1 - 30 设置使用部门及使用比例

⑪ 月折旧额：根据原值和月折旧率自动计算，卡片中不能修改。

⑫ 对应折旧科目：自动带入，多部门使用时，不能修改。

⑬ 项目：设置该项固定资产所服务或从属的项目，按项目进行辅助核算归集成本或费用时使用。

⑭ 折旧单位：折旧方法采用工作量法时有此项目，表示每单位工作量应计提折旧额。

注意：

① 如果卡片列表中没有显示已经录入卡片记录，单击【刷新】按钮。

② 所有卡片录入系统后，用"处理"中的"对账"功能，将固定资产系统中的固定资产原值与累计折旧的合计数与总账系统进行核对，如图 4 - 1 - 31 所示。

③ 若核对不符，表明原始卡片输入不全，或原值与累计折旧输入有误，仔细查检并修改，直至结果平衡。

④ 固定资产卡片应按单一登记对象进行设置，多项同类固定资产不能共用一个卡片。

2. 管理原始卡片

原始卡片管理包括原始卡片的查询、修改、删除、打印等操作。执行【卡片】|【卡片管理】命令，

图 4 - 1 - 31 对账结果提示对话框

打开【卡片管理】窗口,如图4-1-32所示。

图4-1-32　【卡片管理】窗口

1)查询卡片

【卡片管理】窗口由五个部分组成(见图4-1-32)。

(1)查询方式列表框。单击该列表,显示三项选项:【按部门查询】、【按类别查询】和【自定义查询】。

(2)查询方式对应编码目录结构。该目录结构将随着查询方式的改变而改变。默认查询方式为【按部门查询】,则该处为【固定资产部门编码目录】;若选择【按类别查询】,则该处为【固定资产分类编码表】;若选择【自定义查询】,打开如图4-1-33所示窗口。

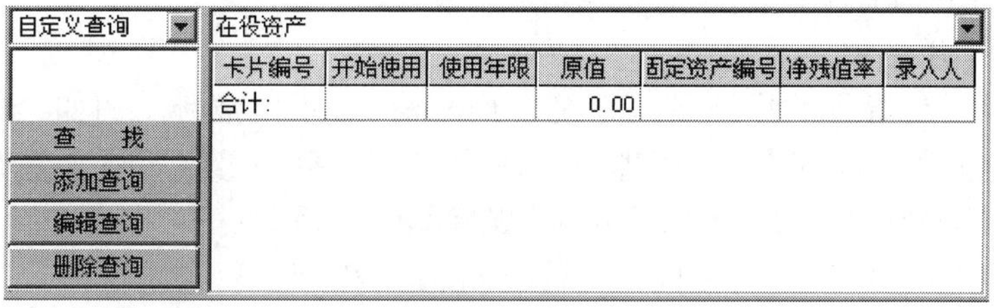

图4-1-33　自定义查询窗口

如查询生产部的固定资产,单击【固定资产部门编码目录】中的【生产部】,则仅显示生产部所用固定资产,其他部门的资产全部隐去。

如按自定义查询,则需先定义查询条件,如要查询原值1万元以上使用年限10年以下的资产。

单击【添加查询】按钮,打开【查询定义】窗口,输入查询表名称,使用【新增行】按钮设置查询条件,如图4-1-34所示。单击【确定】按钮,即可按自定义条件进行查询。

(3)在役状态列表。该列表有两个选项:【在役资产】和【已减少资产】,默认【在役资产】,若选择【已减少资产】,则下方显示已减少资产目录。

(4)固定资产列表。显示满足查询条件的资产目录。

图 4 - 1 - 34　自定义查询设置窗口

（5）快捷信息列表。显示所选资产的六项基本信息。

2）修改卡片

当卡片录入有误，或固定资产在使用中需要更改卡片中的某些项目内容时，须通过修改功能修改卡片，这种修改不产生固定资产的增减或变动，为无痕迹修改。

从【卡片管理】窗口的固定资产列表中双击待修改的卡片记录，打开【固定资产卡片】窗口，单击【修改】按钮，该卡片进入编辑状态，此时即可修改，修改后单击【保存】按钮即可。

注意：

① 原始卡片的原值、使用部门、工作总量、使用状况、净残值（率）、折旧方法、使用年限、资产类别等项目在没有发生过变动或评估业务（已输入变动单或评估单，后面有关任务中会涉及）时，录入当月可以无痕迹修改；如果已输入变动单或评估单，只有删除变动单才可无痕迹修改；若固定资产系统已经月末结账，下个月份只能使用变动单或评估单调整，不能通过卡片修改功能进行修改。

② 卡片上的其他项目，任何日期均可无痕迹修改。

3）删除卡片

删除卡片，是指将卡片记录从系统中彻底清除，不留痕迹。例如，要删除编号为00004 的固定资产卡片，从【卡片管理】窗口的固定资产列表中单击选中 00004 号卡片记录，再单击【删除】按钮，系统弹出如图 4 - 1 - 35 所示对话框，单击【是】按钮，00004号固定资产卡片被彻底删除。

图 4 - 1 - 35　删除确认

注意：

① 只有当月录入的卡片才可以删除，非本月输入卡片不能删除。

② 如果被删除卡片不是最后一张，则系统保留被删除卡片编号，再次录入的卡片不能使用该卡片编号，如上例中的编号 00004，再输入卡片时，此号不再使用。因此，删除操作要慎重，否则会产生卡片缺号。

③ 月末结账后卡片不能删除；发生过变动或评估业务的固定资产，其卡片在删除时，系统将提示先删除相关的变动单或评估单。

④ 删除已经制证的卡片，系统提示先删除记录凭证，如果已经输入变动单或评估单，系统将再次提示删除相关的变动单或评估单，最后删除卡片。

四、任务练习

（1）完成其他固定资产卡片记录的输入，执行【卡片】|【卡片管理】命令，在打开的【卡片管理】窗口中可以看到如图4-1-36所示的卡片列表。

卡片编号	开始使用日期	年限	原值	资产编	残值	录入人
00001	2005.03.01	360	195,000.00	011001	0.04	张瑶清
00002	2005.03.01	360	243,000.00	012001	0.04	张瑶清
00003	2005.03.01	120	17,000.00	021001	0.02	张瑶清
00004	2005.03.01	120	12,000.00	021002	0.02	张瑶清
00005	2005.03.01	360	60,000.00	013001	0.04	张瑶清
00006	2005.10.10	120	82,000.00	041001	0.03	张瑶清
00007	2007.04.16	60	4,500.00	032001	0.01	张瑶清
00008	2006.03.01	60	5,000.00	031001	0.01	张瑶清
合计:(共计			618,500.00			

图4-1-36　任务效果图

（2）自定义查询2005年3月31日前开始使用的原值在2万元以上的固定资产。

（3）从已经输入的卡片中任意选择卡片进行修改或删除操作。

模块二　日常管理与核算

固定资产日常管理与核算业务主要有固定资产增加、减少、变动、盘点等原始凭证的录入；新建固定资产卡片；注销并另存因售、报废与毁损等原因所减少固定资产的卡片记录；固定资产盘点、折旧的计算；各项业务记账凭证的生成；期末对账与结账等方面。

学习目标

1. 能熟练完成固定资产增加、减少业务处理；
2. 能熟练完成资产盘点处理；
3. 能进行变动单的录入及账务处理；
4. 能完成折旧计算与账务处理；
5. 能进行期末结账与计提折旧操作。

工作过程

1. 固定资产增减业务处理；
2. 固定资产盘点业务处理；
3. 固定资产变动业务处理；
4. 期末业务处理。

任务一 固定资产增减业务处理

一、明确任务

南京机械设备有限公司 2013 年 1 月份发生以下增减固定资产的经济业务。

（1）1 月 5 日，收到另一股东追加投资转入生产线一套，投资双方确认的价值为 200 000 元，在本公司注册资本中所占份额为 180 000 元。

（2）1 月 19 日，公司将东风货车出售，通过旧机动车交易服务公司卖得 65 000 元已经存入银行，转账支票号 1123，没有发生其他费用，该货车当月运行里程 270 公里。

要求：应用固定资产系统有关功能完成上述经济业务处理。

任务分析：

第一笔业务，以投资双方确认的价值 200 000 元作为固定资产原值，以注册资本中所占份额为 180 000 元作为实收资本，余额 20 000 元作为资本公积。

会计分录应为：

借：固定资产	200 000.00
贷：实收资本	180 000.00
资本公积	20 000.00

第二笔业务，查询卡片明细账得知，该货车已计提折旧 16 970.09 元，本月减少的固定资产要计提折旧，按工作量法计算月折旧额为 402.25 元，应做会计分录：

① 转入固定资产清理。

借：固定资产清理	64 627.66
累计折旧	17 372.34
贷：固定资产	182 000.00

② 收回价款。

借：银行存款——工商银行	65 000.00
贷：固定资产清理	65 000.00

③ 结转净收益。

借：固定资产清理	372.34
贷：营业外收入	2 372.34

分录②③属于与固定资产减少相关的业务，用友 U8 固定资产系统暂无处理后续功能，应该在总账系统中作账务处理。

二、知识准备

1. 固定资产增减业务处理流程

对于固定资产增加业务，根据固定资产增加的原始凭证及固定资产管理要求，一方面要设立固定资产卡片，增加固定资产卡片记录，另一方面要生成记账凭证。为了保证账实相符，一项资产一旦确认为固定资产，就应有账面记录。固定资产卡片既是反映固定资产的明细账，又是管理固定资产的重要依据，因此，增加固定资产，首先要设立固定资产卡片。固定资产增加业务处理从录入新增固定资产卡片开始,与原始卡片相比,主要区别在于固定资产的开始使用日期。新增固定资产的开始使用日期是现时日期,应当与新建固定资产卡片的日期同属一个会计期间;而原始卡片,其固定资产的开始使用日期是历史日期。对于固定资产减少业务,按固定资产折旧计提要求,本期减少的固定资产需要计提折旧,因此,应先计提折旧,再根据固定资产减少的原始凭证,注销固定资产卡片,由在役固定资产转为已减少固定资产,并编制记账凭证。

2. 固定资产系统与其他系统的联系

固定资产系统主要与总账系统、成本管理系统和会计报表系统存在数据传递的关系。与总账系统的联系是:固定资产系统中根据原始凭证自动生成的记账凭证需要传送到总账系统进行账务处理,与账务处理接口的设置将起到桥梁管道的作用。

固定资产系统与成本管理系统、会计报表系统的联系主要是:成本管理系统将从固定资产系统中提取折旧费用分配数据,以计算成本;会计报表系统通过应用服务函数从固定资产系统中提取分析数据。

三、工作过程

1. 固定资产增加业务处理

按以下操作步骤处理明确任务中所给投资转入固定资产的经济业务。

1)录入固定资产卡片

(1)以 2013 年 1 月 5 日登录企业应用平台。

(2)执行【固定资产】|【卡片】|【资产增加】命令,从【资产类别参照】表中选择【生产设备\生产线】,系统打开新增资产卡片窗口,从中输入新增固定资产信息,结果如图 4 - 2 - 1 所示。

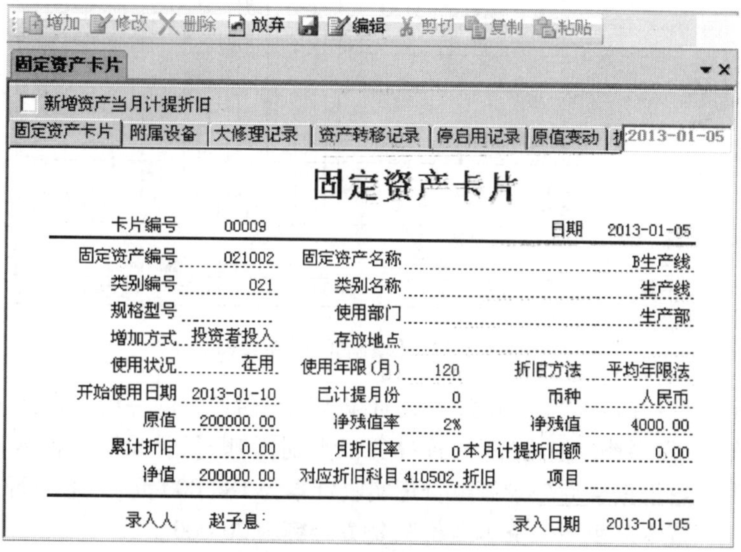

图 4 - 2 - 1 新增固定资产卡片

① 卡片编号:系统根据已保存最大卡片编号 00008 加 1 自动产生,不可修改。

② 固定资产编号、类别编号:自动带入。

③ 卡片日期、录入日期:系统自动设定为登录企业应用平台的业务日期,不可修改。

④ 固定资产名称:B 生产线。

⑤ 部门名称:生产部。

⑥ 增加方式:投资者投入。

⑦ 使用状况:在用。

⑧ 开始使用日期:可以定为 2013 年 1 月 10 日,不要求与录入日期一致,但必须与录入日期同属一个会计期间,即同为 1 月份。

⑨ 原值:200 000。

⑩ 净残值率:自动带入。

⑪ 净残值、净值:自动计算。

⑫ 月折旧率、月折旧额:由于是新增固定资产,新增加固定资产的当月不提折旧,故均为 0。

⑬ 对应折旧科目:制造费用——折旧。

(3) 单击【保存】按钮。如果执行【固定资产】|【设置】命令,在打开的【选项】窗口【与账务系统接口】页签中勾选【业务发生后立即制单】选项,则弹出【填制凭证】窗口,如图 4 - 2 - 2 所示。

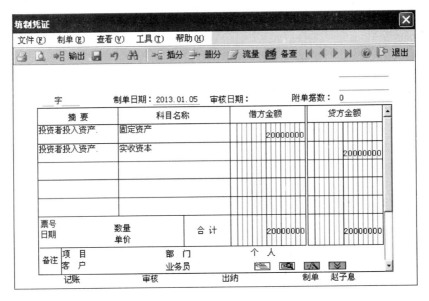

图 4 - 2 - 2 【填制凭证】窗口(1)

画面显示的是根据固定资产增加方式对应入账科目产生的一借一贷且凭证类别尚未确定的记账凭证,需要补录使之完整:选择凭证类别【转账】;补录附单据数(假设有两张原始凭证及附件);根据会计分录修改贷记实收资本为 180 000 元;另增一行,摘要可以复制,科目名称为"资本公积——资本溢价"、贷方金额为 20 000 元。

修改完毕,结果如图 4 - 2 - 3 所示,单击【保存】按钮,则该记录凭证传递到总账系统,由总账系统完成审核与记账处理。由于该凭证为系统自动产生,并非手工录入,因此,记账凭证左上角显有"已生成"字样。

对于总账系统,此类凭证为外部系统转入凭证,如果有错,总账系统不能修改。

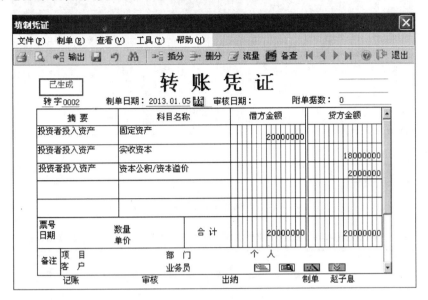

图 4 - 2 - 3　【填制凭证】窗口(2)

(4) 如果执行【固定资产】|【设置】命令,在打开的【选项】窗口【与账务系统接口】页签中弃选【业务发生后立即制单】选项,则可集中进行制证处理,通过批量制单功能能生成记账凭证,执行【固定资产】|【处理】|【批量制单】命令,弹出【批量制单】窗口,如图 4 - 2 - 4 所示。

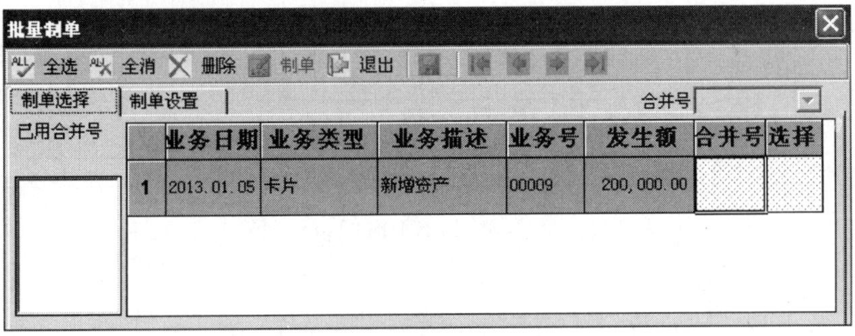

图 4 - 2 - 4　【批量制单】窗口(制单选项)

【批量制单】窗口有两个页签:【制单选择】和【制单设置】,默认的【制单选择】页签中显示业务记录,并提供选择操作。

(5) 双击业务记录的【选择】单元格,显示红色"Y"后,单击【制单设置】页签,如图 4 - 2 - 5 所示。

(6) 单击【制单】按钮,弹出如图 4 - 2 - 6 所示窗口。

与立即制单稍有不同的是,批量制单摘要内容不能自动产生,其他补录操作基本同于立即制单,此处从略。保存凭证后,【批量制单】窗口【制单选择】页签中自动删除已生成凭证的业务记录。如果删除凭证,相应的业务记录将自动恢复。立即制单摘要可以不补录,比批量制单更方便些。

图 4 - 2 - 5　【批量制单】窗口(制单设置)

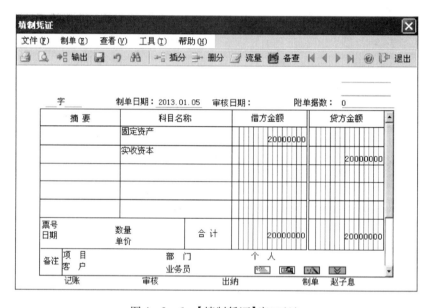

图 4 - 2 - 6　【填制凭证】窗口(3)

2)查询记账凭证

无论立即制单还是批量制单,生产的记账凭证如何查询?

固定资产系统生成的记账凭证既可以在总账系统中查询,也可以在固定资产系统中查询,由具体情况而定。以下为在固定资产系统中查询本系统所生成的记账凭证的操作细节。

(1)执行【固定资产】|【处理】|【凭证查询】命令,显示如图 4 - 2 - 7 所示【凭证查询】窗口。

(2)双击凭证条目,或单击选中凭证条目后单击【凭证】按钮,便可查询记账凭证。

(3)单击选中凭证条目后单击【编辑】按钮,便可修改记账凭证。

注意:

① 修改记账凭证只能在输入或自动生成该记账凭证的系统中进行。

② 制单后如果要修改或删除新增固定资产卡片,必须要先删除记账凭证。

图 4 - 2 - 7 【凭证查询】窗口

③ 固定资产系统中删除记账凭证,总账系统将作废该凭证,需要使用【填制凭证】中的【整理凭证】功能才可以彻底清除该凭证。

2. 固定资产减少业务处理

固定资产会由于种种原因(如投资转出、出售、毁损等)终止应用,此时要作资产减少处理,调整有关账户记录,保证账实相符。固定资产业务处理从注销固定资产卡片开始,按以下操作步骤处理"明确任务"中所给的出售东风货车的经济业务。

注意:如果本月尚未计提折旧,则弹出对话框提示【本账套需要计提折旧后,才能减少资产!】。计提折旧操作详见期末业务处理任务。

(1) 以 2013 年 1 月 19 日登录企业应用平台,执行【固定资产】|【卡片】|【资产减少】命令,弹出【资产减少】窗口,如图 4 - 2 - 8 所示。

图 4 - 2 - 8 【资产减少】窗口

(2) 单击【卡片编号】或【资产编号】参照按钮,选择输入东风货车的卡片编号或资产编号,单击【增加】按钮,窗口显示如图 4 - 2 - 9 所示。

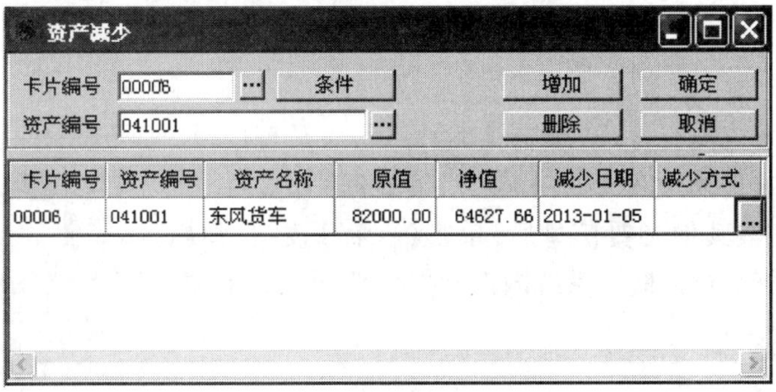

图 4 - 2 - 9 【资产减少】设置(1)

注意:重复执行第二步,可以产生多条出售固定资产业务记录。如果减少的资产较多,且有共同点,则通过单击【条件】按钮,将满足一定条件的资产挑选出来进行减少处理。

(3)双击固定资产减少记录,出现【减少方式】参照按钮,单击该按钮,在随后弹出的增减方式目录表中选择【出售】方式,如图 4-2-10 所示。

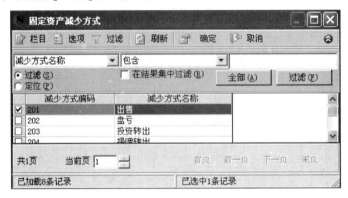

图 4-2-10 【资产减少】设置(2)

(4)单击【确定】按钮,则打开【填制凭证】窗口,如图 4-2-11 所示。

图 4-2-11 【填制凭证】窗口(4)

思考:如果系统没有打开【填制凭证】窗口,而是直接弹出【所选卡片已经减少成功!】的提示对话框,这是为什么? 如何进行后续处理?

(5)补录完整其他必要信息后,单击【保存】按钮,弹出如图 4-2-12 所示对话框。系统内部则保存该记账凭证,并传输至总账系统。

思考:

① 已经减少的固定资产如何查询?

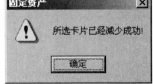

图 4-2-12 减少成功提示

② 误减固定资产如何作恢复处理？（提示：查询已减少固定资产时注意卡片功能组中将出现【撤销减少】功能）

四、任务练习

应用固定资产系统卡片功能组有关功能处理以下固定资产增减业务。

（1）接受电脑捐赠一台，同类电脑市场价 8 600 元。

（2）经审批，因复印性能不能满足实际需要，将原由办公室使用的 B 复印机抵 3 000 元，另用 3 500 元的银行转账支票换购 J 复印机一台，各项凭据一应俱全，无其他税费。

要求：业务处理完毕，与总账系统进行对账，如果不平，分析原因。

任务二　固定资产变动业务处理 ✠✠✠

一、明确任务

南京机械设备有限公司 2 月份发生以下固定资产变动业务。

（1）2 月 4 日，因技术与管理的需要，D 生产线装备一台检测仪，价值 3 500 元，已用银行存款支付，经报批，调增 D 生产线账面原价为 203 500 元。

（2）2 月 17 日，原由财务部使用的 C 电脑移交给销售部使用。

（3）2 月 21 日，经审批，A 生产线改用年数总和法计提折旧。

（4）2 月 28 日，经过严格鉴定，确认 A 生产线可回收金额仅为 10 000 元，按规定计提固定资产减值准备。

要求：应用固定资产系统有关功能完成上述业务处理。

二、知识准备

1. 固定资产变动的概念

固定资产在使用过程中，由于种种原因，会发生某些变化，需要调整固定资产卡片上的某些项目，称固定资产变动，这种变动要求留有原始凭证，称为变动单。固定资产变动主要有：原值变动、部门转移、使用状况变化、使用年限调整、折旧方法变更、净残值调整、累计折旧调整、资产类别调整等情形。其他项目，如固定资产名称、固定资产编号、存放地点等，以及附属设备、大修理记录等信息，其变动可直接修改卡片。

2. 固定资产变动的范围

固定资产原值，按规定仅下面 5 种情况可以变动：

（1）根据国家规定对资产重新估价。

（2）增加补充设备或改良设备。

（3）将固定资产一部分拆除。

（4）根据实际价格调整原来的暂估价值。

（5）发现原记录固定资产价值有误的。

其他项目变动，也一律遵照有关规定和程序进行。

3. 固定资产变动的期间要求

当期录入的原始卡片和新增固定资产卡片，如果确有需要改动之处，直接修改固定资产卡片即可，没有必要，也不允许作变动处理。因此，必须在本期结账后，以下期某日期注册进入固定资产系统，才可以进行固定资产变动处理。有关结账处理，详见期末业务处理任务。

三、工作过程

1. 原值变动

分析明确任务中的第一笔经济业务可以看出，该项业务属于固定资产原值增加业务，应用固定资产系统【变动单】功能组的【原值增加】功能处理。

（1）执行【卡片】|【变动单】|【原值增加】命令，打开【固定资产变动单】的【原值增加】窗口。

（2）单击【卡片编号】按钮，从【卡片参照】列表中选择【D 生产线】，自动带入固定资产名称、变动前原值、变动前净残值等信息。

增加金额：输入 3 500。

变动原因：输入“提高性能”之类的文字。

变动后原值、变动后净残值等数据自动计算，如图 4－2－13 所示。

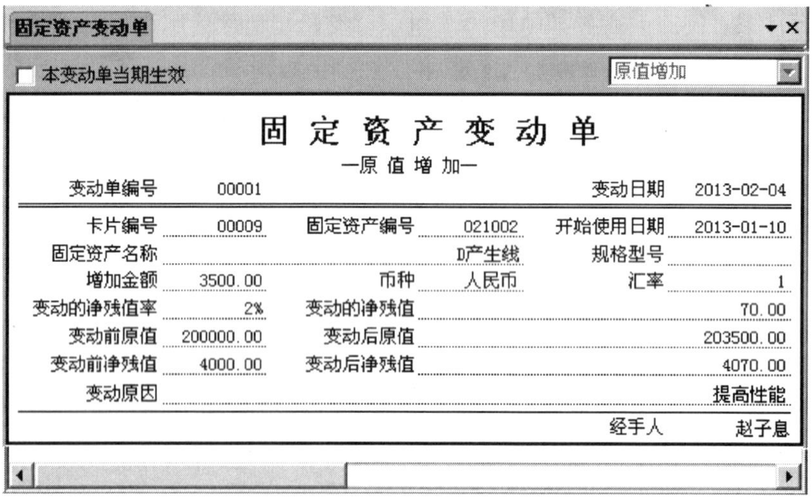
固定资产变动单
□ 本变动单当期生效　　原值增加

固 定 资 产 变 动 单

—原 值 增 加—

变动单编号 00001　　变动日期 2013-02-04

卡片编号	00009	固定资产编号	021002	开始使用日期	2013-01-10
固定资产名称			D产生线	规格型号	
增加金额	3500.00	币种	人民币	汇率	1
变动的净残值率	2%	变动的净残值			70.00
变动前原值	200000.00	变动后原值			203500.00
变动前净残值	4000.00	变动后净残值			4070.00
变动原因					提高性能

经手人 赵子息

图 4－2－13 【固定资产变动单】的【原值增加】窗口

（3）单击【保存】按钮，弹出【填制凭证】窗口，如图 4－2－14 所示。

（4）补录凭证类别“付款凭证”，附单据数“2”（假设有两张原始凭证及附件），贷方科目“银行存款——工商银行”，弹出【辅助项】窗口，输入结算信息，如图 4－2－15 所示。

（5）单击【确定】按钮，显示如图 4－2－16 所示付款凭证，单击【保存】按钮。

查询 00009 号卡片【固定资产卡片】页签，原值已经变为 203 500，原值变动记录中也自动登记了一条记录，如图 4－2－17 所示，凭证查询中还可以查看到固定资产。

变动单的查询通过执行【卡片】|【变动单】|【变动单管理】命令进行。

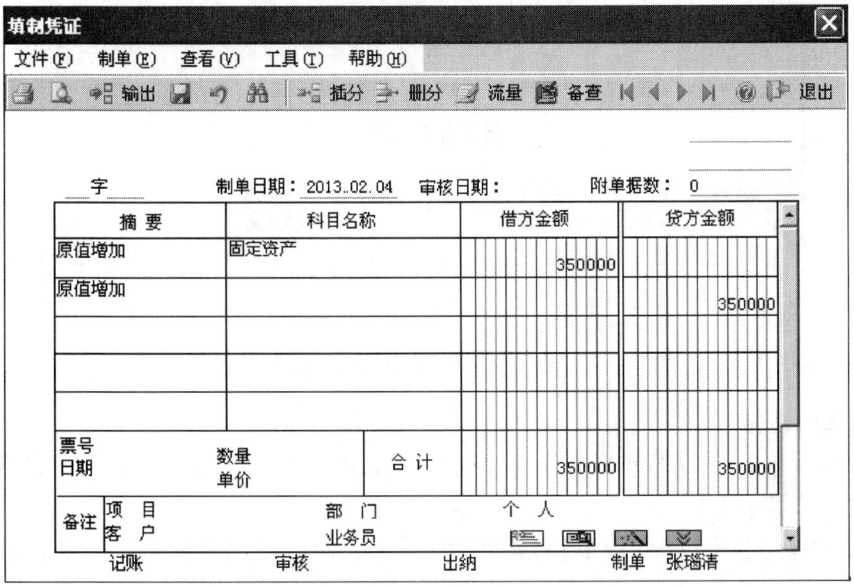

图 4 - 2 - 14　【填制凭证】窗口(5)

图 4 - 2 - 15　"辅助项"窗口

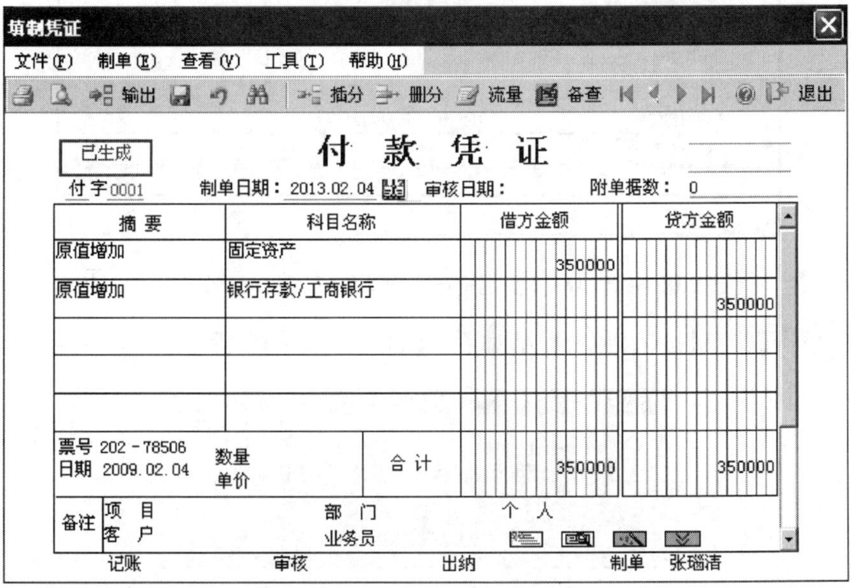

图 4 - 2 - 16　已生成凭证窗口

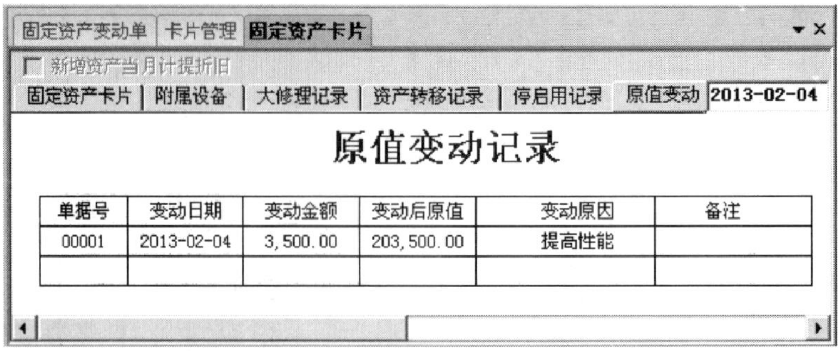

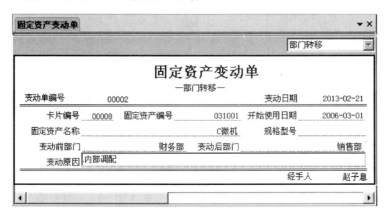

图 4 - 2 - 17　原值变动记录

2. 部门转移

以 2013 年 2 月 17 日重新登录企业应用平台,将 C 电脑的使用部门财务部变更为销售部,操作步骤如下。

(1) 执行【卡片】|【变动单】|【原值增加】命令,打开【固定资产变动单】的【部门转移】窗口。

(2) 单击【卡片编号】按钮,从【卡片参照】列表中选择【C 微机】,自动带入固定资产名称、变动前部门等信息。

变动后部门:选择输入"销售部"。

变动原因:输入"内部调配"之类的文字,如图 4 - 2 - 18 所示。

图 4 - 2 - 18　【固定资产变动单】的【部门转移】窗口

(3) 单击【保存】按钮,弹出提示对话框,如图 4 - 2 - 19 所示。

图 4 - 2 - 19　保存成功提示

查询 00008 号卡片,会发现部门对应折旧科目已经变为“550103 销售费用——折旧”。

注意:部门转移实质上是更改折旧费用的列账科目,计提折旧时才有所反映,不调整固定资产、累计折旧、固定资产减值准备等账户的账面金额,因此,不用填制记账凭证,与原值变动等业务处理不一样。

3. 折旧方法变更

以 2013 年 2 月 21 日重新登录企业应用平台,将 A 生产线折旧计提方法变更为年数总和法,操作步骤如下。

(1) 执行【卡片】|【变动单】|【折旧方法调整】命令,打开【固定资产变动单】的【折旧方法调整】窗口。

(2) 单击【卡片编号】按钮,从【卡片参照】列表中选择【A 生产线】,自动带入固定资产名称、变动前折旧方法等信息。

变动后的折旧方法:选择输入“年数总和法”。

变动原因:输入“磨损过速”之类的文字,如图 4-2-20 所示。

固定资产变动单

折旧方法调整

固定资产变动单

—折旧方法调整—

变动单编号	00003	变动日期	2013-02-21
卡片编号	00003	固定资产编号	021001
开始使用日期	2005-03-01		
固定资产名称	A生产线	规格型号	
变动前折旧方法	平均年限法	变动后折旧方法	年数总和法
变动原因	磨损过速		
经手人	赵子息		

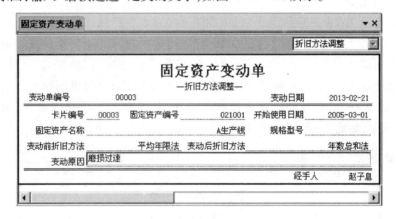

图 4-2-20　【固定资产变动单】的【折旧方法调整】窗口

(3) 单击【保存】按钮,系统提示保存成功对话框。

A 生产线折旧方法调整前后卡片对照:图 4-2-21 为调整前的卡片,图 4-2-22 为调整后的卡片。

固 定 资 产 卡 片

卡片编号	00003			日期	2013-01-01
固定资产编号	021001	固定资产名称	A生产线		
类别编号	021	类别名称	生产线		
规格型号		部门名称	生产部		
增加方式	直接购入	存放地点			
使用状况	在用	使用年限	10年0月	折旧方法	平均年限法
开始使用日期	05-03-01	已计提月份	46	币种	人民币
原值	17000.00	净残值率	2%	净残值	340.00
累计折旧	3654.80	月折旧率	0.0082	月折旧额	136.61
净值	13345.20	对应折旧科目	410502,折旧	项目	
录入人	张瑶清			录入日期	2013-01-01

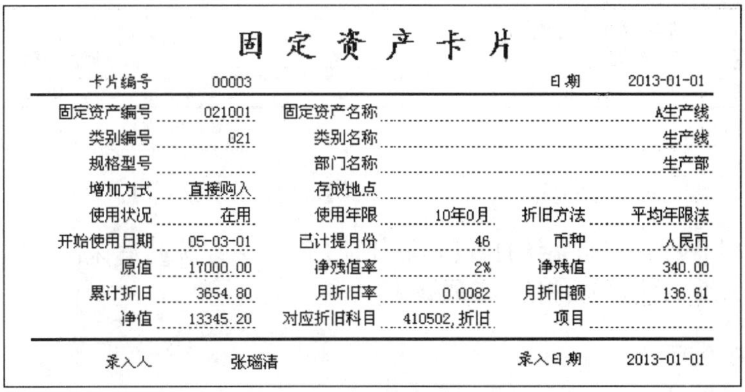

图 4-2-21　调整前卡片

固定资产卡片

卡片编号	00003			日期	2013-01-01
固定资产编号	021001	固定资产名称			A生产线
类别编号	021	类别名称			生产线
规格型号		部门名称			生产部
增加方式	直接购入	存放地点			
使用状况	在用	使用年限	10年0月	折旧方法	年数总和法
开始使用日期	05-03-01	已计提月份	46	币种	人民币
原值	17000.00	净残值率	2%	净残值	340.00
累计折旧	3654.80	月折旧率	0.0236	月折旧额	306.92
净值	13345.20	对应折旧科目	410502,折旧	项目	
录入人	张瑙清			录入日期	2013-01-01

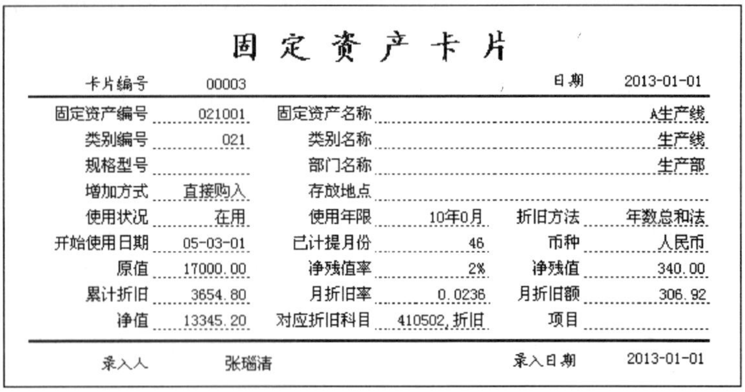

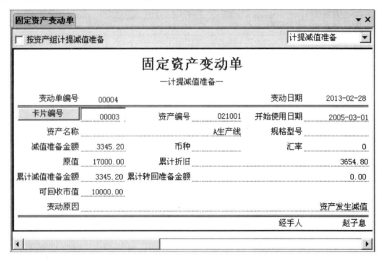

图 4-2-22 调整后卡片

图 4-2-22 与图 4-2-21 相比，折旧方法、月折旧率及月折旧额三项发生了变化，本期折旧费用将按变动后的结果计算，由此可知，折旧方法的变更当期生效。

4. 计提减值准备

以 2013 年 2 月 28 日重新登录企业应用平台，为 A 生产线计提减值准备。

(1) 执行【卡片】|【变动单】|【计提减值准备】命令，打开【固定资产变动单】的【计提减值准备】"窗口。

(2) 选定 A 生产线，输入减值准备金额"3 345.20"（净值与可回收金额之差），系统根据所输减值准备金额，自动调整可回收市值为"10 000"，变动原因输入"资产发生减值"之类的文字，如图 4-2-23 所示。

固定资产变动单

□ 按资产组计提减值准备　　计提减值准备

固定资产变动单

—计提减值准备—

变动单编号	00004			变动日期	2013-02-28
卡片编号	00003	资产编号	021001	开始使用日期	2005-03-01
资产名称			A生产线	规格型号	
减值准备金额	3345.20	币种		汇率	0
原值	17000.00	累计折旧			3654.80
累计减值准备金额	3345.20	累计转回准备金额			0.00
可回收市值	10000.00				
变动原因					资产发生减值
				经手人	赵子息

图 4-2-23 【固定资产变动单】的【计提减值准备】窗口

(3) 单击【保存】按钮，系统打开【填制凭证】窗口，补录完整后保存。

注意：变动单只能查询、删除，不能修改。

四、任务练习

完成"明确任务"中第 2、3、4 项固定资产变动业务处理。

任务三　固定资产盘点业务处理

一、明确任务

南京机械设备有限公司2013年1月20日对在役固定资产进行实地盘点,盘点记录见表4-2-1。

表4-2-1　南京机械设备有限公司

固定资产盘点单

日期:2013年1月20日

资产编号	资产名称	使用部门	多部门使用	备注
022002	卷扬机	生产部	0	
011001	一号楼	办公室/财务部/采购部/销售部	1	
012001	一车间	生产部	0	
021001	A生产线	生产部	0	
013001	一号库	材料库/成品库	1	
041001	东风货车	销售部	0	
032001	B复印机	办公室	0	
031001	C电脑	财务部	0	
021003	D生产线	生产部	0	

要求:应用固定资产系统资产盘点功能自动完成固定资产账存实存核对,并输出盘点结果清单。

二、知识准备

固定资产盘点,是在对固定资产进行实地清查后,将清查的固定资产记录输入固定资产系统与账面数据进行比对,并由系统自动生成盘点清单的过程。

资产盘点的业务流程是:

1. 确定盘点日期,设置盘点方式

系统提供三种盘点方式可供选择:按资产类别盘点、按使用部门盘点和按状态盘点。

2. 设置盘点数据项目

每次盘点的侧重点可能不同,要录入的盘点数据与要核对的数据也不尽相同,盘点数据与核对数据项目要根据业务需要而定,系统提供相关卡片项目以供选择。

设置盘点数据项目包括设置核对项目与设置录入项目。核对项目与录入项目之间的关系是:核对项目集合要包含于录入项目集合,即核对项目必须录入,但录入的项目不一定要核对。所以,设置核对项目时自动将该项目设置为录入项目,但设置录入项目并不自动将该项目设置为核对项目。

3. 录入盘点记录

要注意的是:固定资产编号是核对的关键数据,不能为空;多部门使用时,部门的顺序及多部门之间的分隔要严格按照卡片中的使用部门内容录入。

4. 生成盘点单

注意:盘点单与卡片账核对不符并不意味着一定存在盘盈或盘亏,系统自动核对与手工目测核对不一样,对空格、顺序、分隔符、大小写等都很敏感,如"仓库"与"仓 库",在系统自动核对中是不一样的,而在手工目测核对时一般认为是一样的,因此,核对不符时,要具体分析原因,有些不符是可以忽略的。

三、工作过程

(1)执行【卡片】|【资产盘点】命令,打开【盘点单】窗口,如图4-2-24所示。

图4-2-24 【盘点单】窗口

(2)单击【增加】按钮,弹出【新增盘点单—数据录入】窗口,如图4-2-25所示。

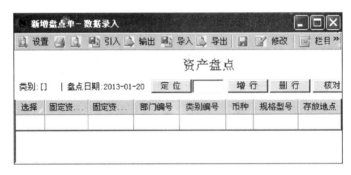

图4-2-25 【新增盘点单—数据录入】窗口(1)

(3)根据表4-2-1所示手工固定资产盘点单的格式,使用【栏目】功能按钮对核对项目与录入项目进行调整设置,单击【栏目】按钮,弹出如图4-2-26所示窗口。

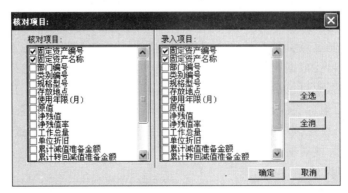

图4-2-26 【核对项目】对话框

调整设置的结果如图 4－2－27 所示。

新增盘点单－数据录入
设置
引入
输出
导入
导出
修改
栏目
资产盘点
类别:[]　盘点日期:2013-01-20
定 位
增 行
删 行
核对
选择
固定资产编号
固定资产名称
使用部门
是否多部门使用(0/1)

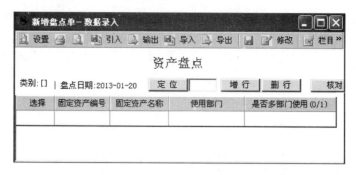

图 4－2－27　【新增盘点单—数据录入】窗口(2)

(4) 设置盘点范围。单击【范围】按钮,在固定资产数量不大的情况下,选择盘点方式为【按使用状态盘点】,并从使用状态列表中选择【在用】,如图 4－2－28 所示。

盘点范围设置
盘点日期　2013-01-20
盘点方式
按资产类别盘点　资产类别:
按使用部门盘点　使用部门:
按使用状态盘点　使用状态:　在用[1001]
确定
取消

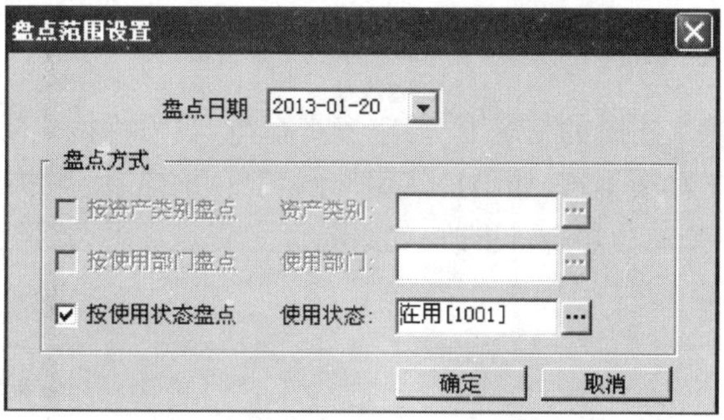

图 4－2－28　【盘点范围设置】对话框

(5) 在如图 4－2－27 所示窗口按表 4－2－1 录入盘点记录,其间,可用【增行】和【删行】按钮进行增加、删除记录,录入完毕,单击【保存】按钮,如图 4－2－29 所示。

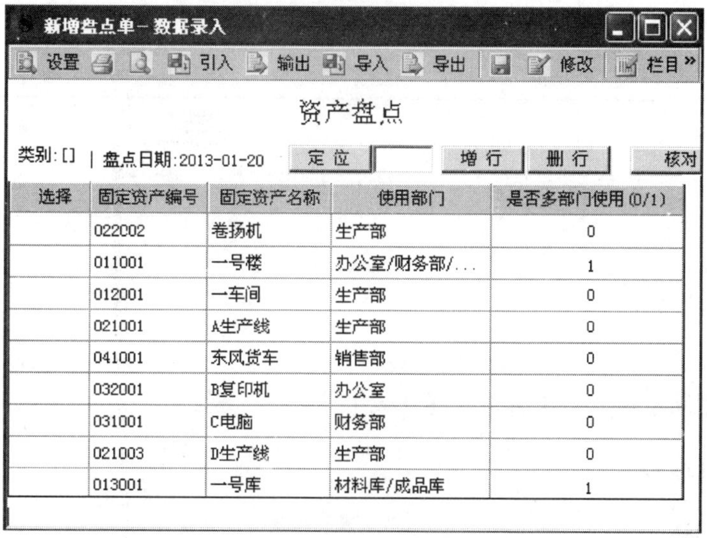

新增盘点单－数据录入
设置
引入
输出
导入
导出
修改
栏目
资产盘点
类别:[]　盘点日期:2013-01-20
定 位
增 行
删 行
核对
选择　固定资产编号　固定资产名称　使用部门　是否多部门使用(0/1)
022002　卷扬机　生产部　0
011001　一号楼　办公室/财务部/...　1
012001　一车间　生产部　0
021001　A生产线　生产部　0
041001　东风货车　销售部　0
032001　B复印机　办公室　0
031001　C电脑　财务部　0
021003　D生产线　生产部　0
013001　一号库　材料库/成品库　1

图 4－2－29　【新增盘点单—数据录入】窗口(3)

（6）单击【核对】按钮进行账存实存对照，结果如图4-2-30所示。

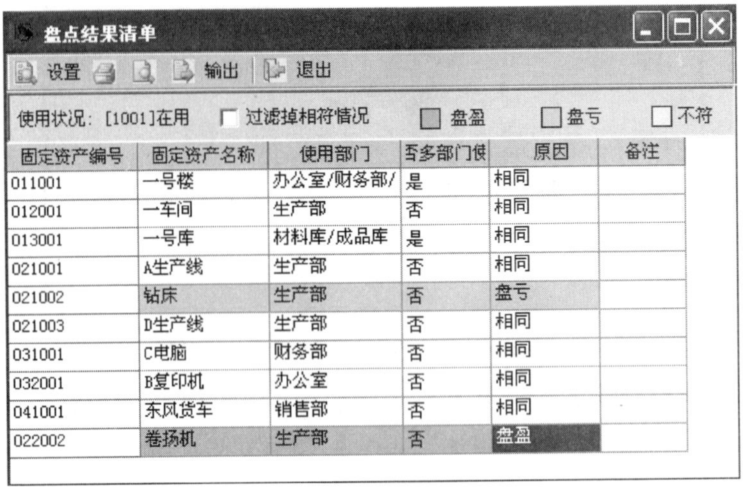

图4-2-30　盘点结果窗口

注意：在盘点单输入正确的情况下，固定资产盘盈、盘亏由固定资产增减业务处理功能进行增减处理；属于账实不符，如果是使用部门、保存地点、使用状态等不符所引起的，通过相应的变动业务处理功能进行更改；如果是固定资产名称、规格型号等不符，可以直接修改固定资产卡片。

四、任务练习

1. 将系统固定资产盘点核对项目与录入项目皆设为：资产编号、资产名称、使用部门、规格型号和存放地点六个项目。

2. 录入如下手工固定资产盘点单并进行固定资产盘点处理。

资产编号	资产名称	使用部门	规格型号	存放地点
023001	台钳	生产部	FACOM283.2	一车间
032002	点钞机	财务部	中钞信达2165	财务部

任务四　期末业务处理

一、明确任务

南京机械设备有限公司1月末将完成两项工作：计提折旧；对账与结账。
要求：应用固定资产系统有关功能完成上述业务处理。

二、知识准备

1. 计提折旧

自动计提折旧是固定资产系统的常用功能，该功能对各项固定资产每期计提一次折旧,即便多次使用该功能,计算也不累加,只保留最后一次计算结果。通过计算,自动生成折旧分配表,作记账凭证,并自动登记固定资产明细账(固定资产卡片)。

影响折旧计提的因素有:原值、累计折旧、净残值(率)、减值准备、折旧方法、使用年限、使用状况、工作总量。上述因素中,原值、累计折旧、净残值(率)、减值准备和使用状况的调整将影响下期折旧的计提,本期折旧额不变;折旧方法、使用年限和工作总量的变动将影响当期折旧的计提,加速折旧法在变动生效的当期以净值为计提基数,以剩余使用年限为计提年限计算折旧。

2. 对账

固定资产系统月末对账是将固定资产系统的固定资产原值及累计折旧与总账系统进行核对,在总账系统处理过固定资产增减或变动业务,或在固定资产系统中对固定资产原值或累计折旧作过调整的情况下,固定资产系统与总账系统之间的对账尤为重要,通过对账也可以发现尚未处理的固定资产增减或变动业务。

在与账务系统接口设置中如果没有勾选【在对账不平情况下允许固定资产月末结账】选项,固定资产原值及累计折旧与总账系统核对相符是月末结账的必备条件。

由于总账系统与固定资产系统业务处理时间的差异,由固定资产系统传输至总账系统的记账凭证只有在总账系统已经记账的情况下,二者当期发生的业务数据才能核对相符。这就要求对账前总账系统对固定资产业务要先作记账处理。

3. 结账

月末结账前,应认真做好以下工作:

(1)检查有无固定资产业务尚未录入系统。

(2)在固定资产系统批量制单窗口,检查有无尚未制证的固定资产业务。

(3)与总账系统进行对账。

(4)对业务数据进行备份处理。

在确保全部业务登记入账且业务数据已做备份的基础上进行月末结账处理,结账后固定资产系统只能进行查询操作。结账后如果发现本月尚有未处理的业务,在总账系统尚未结账的情况下,可以将固定资产系统恢复至月末结账前状态后进行补加。

三、工作过程

1. 计提折旧

(1)执行【固定资产】|【处理】|【工作量输入】命令,打开【工作量输入】对话框,如图 4-2-31 所示。

图 4-2-31 【工作量输入】对话框

（2）在本月工作量栏输入东风货车 1 月份的工作量"270"，按回车键或单击其他单元格确认后单击【保存】按钮。

注意：如果有设备采用工作量法计提折旧，应则在计提折旧前录入设备工作量；如果取用上个月份的工作量，则单击【继承上月工作量】按钮。

（3）执行【固定资产】|【处理】|【计提本月折旧】命令，显示如图 4 - 2 - 32 所示提示输入设备工作量对话框。

（4）单击【是】按钮，弹出如图 4 - 2 - 33 所示对话框（单击【否】按钮则退出）。

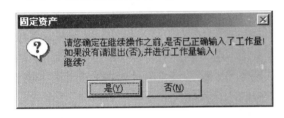

图 4 - 2 - 32　提示输入设备工作量对话框

图 4 - 2 - 33　折旧清单查看确认

（5）单击【是】按钮，弹出如图 4 - 2 - 34 所示对话框（单击【否】按钮，折旧计算结束不显示折旧清单）。

图 4 - 2 - 34　计提折旧确认

（6）单击【是】按钮，经过一段时间计算，打开如图 4 - 2 - 35 所示折旧清单，滑动水平滚动条可以查看更多信息（单击【否】按钮则退出）。

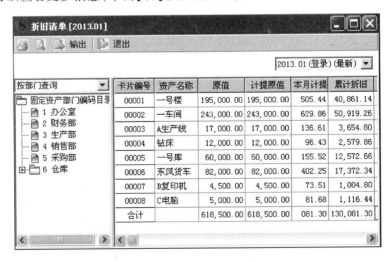

卡片编号	资产名称	原值	计提原值	本月计提	累计折旧
00001	一号楼	195,000.00	195,000.00	505.44	40,861.14
00002	一车间	243,000.00	243,000.00	629.86	50,919.26
00003	A生产线	17,000.00	17,000.00	136.61	3,654.80
00004	钻床	12,000.00	12,000.00	96.43	2,579.86
00005	一号库	60,000.00	60,000.00	155.52	12,572.66
00006	东风货车	82,000.00	82,000.00	402.25	17,372.34
00007	B复印机	4,500.00	4,500.00	73.51	1,004.80
00008	C电脑	5,000.00	5,000.00	81.68	1,116.44
合计		618,500.00	618,500.00	081.30	130,081.30

图 4 - 2 - 35　折旧清单

（7）单击【退出】按钮，显示如图 4 - 2 - 36 所示折旧分配表。

折旧分配表 [01(2013.01-->2013.01)]

输出 凭证 退出

按部门分配
按类别分配
部门分配条件...
01 (2013.01-->2013.01)

部门编号	部门名称	项目编号	项目名称	科目编号	科目名称	折旧额
1	办公室			660203	折旧费	225.14
2	财务部			660203	折旧费	233.31
3	生产部			510102	折旧费	862.90
4	销售部			660102	折旧费	452.80
5	采购部			660203	折旧费	151.63
601	成品库			660203	折旧费	77.76
602	材料库			660203	折旧费	77.76
合计						2,081.30

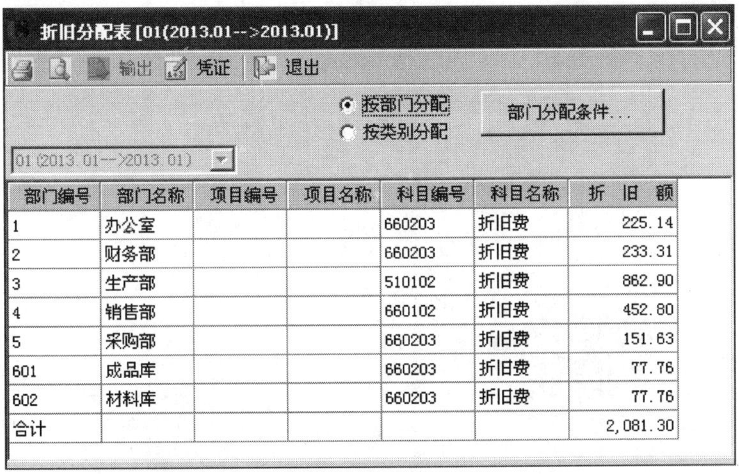

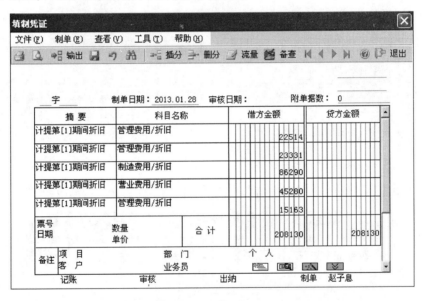

图 4－2－36 分配折旧费用设置窗口

(8) 单击【凭证】按钮，打开【填制凭证】窗口(见图 4－2－37)，滑动垂直滚动条可以查看更多记录，补录所缺信息后，单击【保存】按钮。

图 4－2－37 填制凭证窗口

注意：如果在【折旧分配表】窗口没有使用【凭证】功能，则集中到批量制单中生成记账凭证。

(9) 在【折旧分配表】窗口退出，或保存记账凭证后退出，系统提示如图 4－2－38 所示。

注意：由于折旧计提操作将计算累计折旧、净值等数据，且不可逆转，因此，在进行计提折旧前宜将账套做备份。

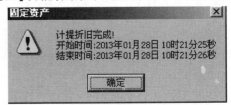

图 4－2－38 折旧计提完成提示

2. 月末结账

（1）执行【固定资产】|【处理】|【月末结账】命令，弹出如图4－2－39所示对话框。

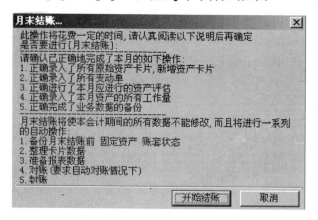

图4－2－39　月末结账开始

（2）单击【开始结账】按钮，与总账系统进行对账，并显示对账结果，如图4－2－40所示。

（3）单击【确定】按钮，提示月末结账成功完成（见图4－2－41）。

图4－2－40　与账务对账结果

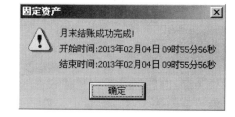

图4－2－41　月末结账提示

（4）单击【确定】按钮，弹出提示框，提醒系统数据不能再做任何修改（见图4－2－42）。

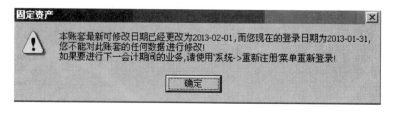

图4－2－42　提示登录日期限制对话框

四、任务练习

进一步练习计提折旧、与总账对账以及期末结账等业务处理。

5

项目五 报表处理

会计报表是会计数据处理的最终会计信息,是用来反映企业一定时期经营成果、一定日期资产负债情况及现金流量的结构性数据文件。本项目主要以总账系统数据为基础,以完成企业利润表格式框架制作与数据填列为主要任务,熟悉报表制作的一般操作程序,借助于财务软件报表模块相应功能,完成账务取数自动编制形成会计报表的任务。

[项目具体目标]

- 能正确手工创建报表表文件及格式设置;
- 能根据会计报表编制基本原理正确设置各类报表公式,包括取数公式、表间运算公式、数据计算公式等,自动从账务系统取数生成会计报表;
- 能依据会计报表数据勾稽关系,编制必要的审核公式进行会计报表审核;
- 能根据管理需要打印出编制好的会计报表。

[项目工作过程]

- 报表创建;
- 公式定义;
- 利润表数据生成与审核;
- 利润表输出;
- 资产负债表创建;
- 资产负债表公式定义;
- 资产负债表生成与审核;
- 资产负债表输出。

模块一 编制利润表

本模块借助于利润表的框架制作与数据处理,应用报表系统编制利润表一般程序与操作方法,进一步理解手工作业下利润表编制的基本原理,提高学生会计数据信息化处理水平与意识。本项目在预设企业正常会计核算的背景下,在企业信息管理综合实训室完成学习任务。

学习目标

1. 能手工创建利润表文件并设置利润表格式;
2. 能根据会计报表编制基本原理正确设置各类报表公式,包括取数公式、表间运算公式、数据计算公式等,自动从账务系统取数生成会计报表;
3. 能依据会计报表数据勾稽关系,编制必要的审核公式进行会计报表审核;

4. 能根据管理需要打印出编制好的会计报表。

工作过程

1. 创建利润表;
2. 公式定义;
3. 利润表数据生成与审核;
4. 利润表输出。

任务一 创建利润表

一、明确任务

南京钟山机械设备有限公司1月份需要编制的利润表格式样张见表5-1-1。

表 5-1-1 利润表

会企02表

编制单位：　　　　　　　　　年　　月　　　　　　　　单位:元

项　　目	行次	本期金额	上期金额
一、营业收入			
减:营业成本			
营业税费			
销售费用			
管理费用			
财务费用(收益以"-"号填列)			
资产减值损失			
加:公允价值变动净收益(净损失以"-"号填列)			
投资净收益(净损失以"-"填列			
二、营业利润(亏损以"-"填列			
加:营业外收入			
减:营业外支出			
其中:非流动资产处置净损失(净收益以"-"号填列)			
三、利润总额(亏损总额以"-"号填列)			
减:所得税税用			
四、净利润(净亏损以"-"号填列)			
五、每股收益			
(一)基本每股收益			
(二)稀释每股收益			

请根据给定的利润表格式样式及利润表编制原理,利用 UFO 报表系统制作利润表格式,初步了解 UFO 报表系统应用的一般程序,熟悉常用菜单的功能,掌握报表制作的步骤与要点。

二、知识准备

会计报表是根据日常会计核算资料定期编制的,综合反映企业某一特定日期财务状况和某一会计期间经营成果、现金流量的总结性书面文件。对外报送的会计报表是由一系列具有固定格式与一定项目组成的结构性表格,如表 5-1-1 所列利润表,会计报表中各行项目及顺序均是会计准则统一规定的,报表编制者不得随意增减项目;对内报送的会计报表可以根据管理需要自行设置报表项目、格式,空白的会计报表可以理解为会计报表格式框架,设置符合要求的会计报表格式框架是会计报表编制的前提;会计报表编制是以会计主体特定会计期间的总账、明细账等账务数据为基础,根据会计报表各项目列报要求,从账务数据中直接取数填列或通过分析计算填列,如利润表根据"收入 - 费用 = 利润"这一会计等式,按照各项收入、费用及构成利润的各个项目,分类分项进行填列;会计报表数据填列完毕后,应当借助报表内或报表间数据特定的勾稽关系,审核会计报表数据填制的准确性与完整性,如借助"资产 = 负债 + 所有者权益"这一会计等式,审核编制的资产负债表是否符合这一平衡关系。

会计电算化应用与会计手工作业下会计报表编制的原理完全相同,首先必须有符合格式要求的空白会计报表,然后根据要求填写数据并审核。因此,会计电算化应用下的报表处理一般可以理解为三步:第一步,借助报表系统功能进行报表格式框架设计,将符合要求的会计报表格式移值到软件系统中;第二步,根据会计报表各项目列报要求,以公式的方式固化各报表项目填列方式,使财务软件能从总账、工资、固定资产等其他子系统中自动取数,实现报表系统自动编制报表的功能;第三步,根据会计报表审核要求,审核会计报表编制的准确性与完整性,并对会计报表数据进行简要分析应用。

用友 U8 会计报表管理系统与总账等子系统有完善的接口,具有方便的自定义报表功能、报表模板调用功能和数据处理功能,是功能强大的电子表软件,其操作方法与 Excel 表的操作极为相似。

三、工作过程

1. 建立利润表

在【业务导航图】下执行【业务工作】|【财务会计】|【UFO 报表】命令,再执行【文件】|【新建】命令,新建一个空的报表文件,并进入【格式状态】窗口,用鼠标单击窗口左下角格式按钮可将窗口在【格式状态】与【数据状态】间转换(见图 5-1-1)。

格式状态是指报表格式设计修饰状态,在格式状态下可以编辑报表框架(行数、列数等)、字体、字号、数据计算公式等,但不能进行数据操作,如数据的录入、计算等操作。在格式状态下所做的操作对本报表的所有表页都能发生作用。

数据状态是指报表格式定义后进行的数据处理状态,如进行数据录入、计算、修改及数据公式应用,在数据状态下不能修改报表格式,可以进行表页增加或删除、图表操作、表页合并、汇总等操作。

表页是指报表文件中的具体的每一个表格页,相当于 Excel 文件中的每一张工作表,在页标签中标注表页序号加以区分,每一个报表文件中可以存放 1~99 999 若干张格式相同的表页,如利润表文件中可以存放 1 月到 12 月利润表,并通过页序号分别标识是几

图 5 - 1 - 1　报表格式窗口

月份的报表。

请注意观察在什么状态下存在表页及其原因。

2. 定义利润表尺寸

利润表表样中,共有 23 行 4 列,包括表头 3 行,表体 20 行。如图 5 - 1 - 2 所示,执行【格式】|【表尺寸】命令,在打开的【表尺寸】对话框中,将行数设为 23,列数设为 4,然后单击【确认】按钮。这时屏幕上只保留 23 行 4 列,其余部分皆为灰色。如果在设计过程中发现表行数列数有误,可以通过执行【编辑】菜单下的【插入】和【删除】命令增减行列数。

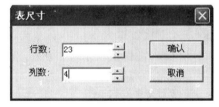

图 5 - 1 - 2　表尺寸对话框

报表中的每一个单元格称为单元,类似于 Excel 中的单元格,是组成报表的最小单位,单元名称由所在行、列标识,如 A3 表示 A 列第 3 行单元,行号用数字 1 ~ 99 999 表示,列标用字母 A ~ IU 表示。单元类型有数值单元、字符单元和表样单元三种类型。

(1)数值单元。报表单元的属性为数值类型,在数据状态下,在数值单元中可以输入 15 位有效数字,也可以存放由单元公式生成的数值型数据。建立新表时,所有空白单元的数据类型缺省为数值型。

(2)字符单元。报表单元的属性为字符型,在数据状态下,在字符单元中可以输入 31 位由汉字、字母、数字及各种键盘可输入的符号组成的一串字符,字符单元内容也可由单元公式生成。

(3)表样单元。报表的单元属性为表样型,是定义一个没有数据的空表所需的所有文字、符号或数字。表样单元在格式状态下输入,对所有表页均有效。表样单元只能在格式状态下进行输入和修改,在数据状态下不允许修改。

在格式状态下,单元的类型可以在报表格窗口中执行【格式】|【单元属性】命令,在【单元格属性】对话框中时进行设置,如图 5 - 1 - 3 所示,为【单元格属性】对话框的【单元类型】、【字体图案】、【对齐】和【边框】四个页签。可以从中设置单元格的数据类型、显示格式、对齐方式、边框线型等单元格式。

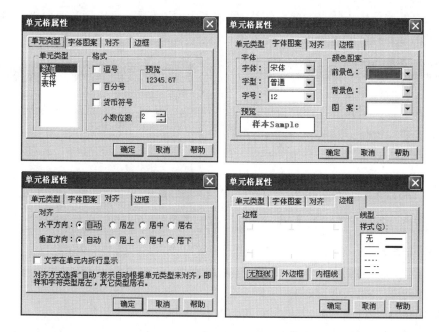

图 5-1-3　【单元格属性】对话框

3. 定义表头和关键字

（1）定义表头。

在 A1 单元中输入标题"利润表"，然后将 A1:D1 合成组合单元合并居中，这里的组合

单元相当于 Excel 中合并单元格后的单元，即由相邻的两个或更多个单元所组成的新单元。选中需要合并的单元区域，执行【格式】|【组合单元】命令，如图 5-1-4 所示，单击【整体组合】或【按行组合】按钮，将 A1 到 D1 单元区域组合为一个单元，然后单击工具栏的【居中】按钮即可。

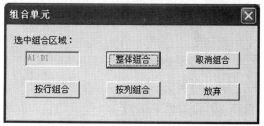

图 5-1-4　【组合单元】对话框

（2）定义关键字。

关键字是用以区分不同表页的特殊数据单元，可以唯一标识一个表页，用于在大量表页中快速选择表页。例如，借助利润表编制的不同单位名称可以区分不同单位的利润表，这里的单位名称就称为关键字；借助利润表不同的编制月份可以区分同一单位不同会计期间的利润表，这里的编制年月就是关键字。关键字的设置主要通过执行【数据】|【关键字】命令中有关功能完成。

选定 A3 单元，通过执行【数据】|【关键字】|【设置】命令，打开【设置关键字】对话框，默认设置【单位名称】为关键字，如图 5-1-5 所示。单击【确定】按钮，A3 单元中出现了红色的"单位名称：×××××××××××××"。重复上述操作，选择 B3 单元，设置【年】和【月】两个关键字。

对关键字的位置可以进行适当调整，执行【数据】|【关键字】|【偏移】命令，如图 5-1-6 所示，设置【月】关键字偏移量为 40，单击【确定】按钮后，【月】关键字位置向右移动一定

距离。这里的偏移量正数表示向右编移,负数表示向左偏移,可以通过反复调整,将关键字的位置调整到符合要求为止。

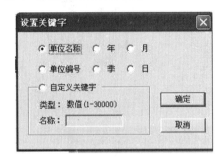

图5-1-5　【设置关键字】对话框　　　　图5-1-6　【定义关键字偏移】对话框

4. 制作表体

会计报表表体的制作方法与 Excel 表格的制作方法完全相同,只需要根据利润表格式样张的内容直接输入即可。

报表中的有关行高与列宽的调整,可以执行【格式】菜单下的【行高】或【列宽】命令,根据需要进行报表行间距或列间距定义;也可以用鼠标进行直接调整,具体操作方法与 Excel 表中行高、列宽的调整方法相同。

5. 区域画线

区域画线实质是指对报表指定区域制作表格线,如同 Excel 中有关边框设置操作。选取要画线的区域 A4:D23,执行【格式】|【区域画线】命令,在【区域画线】对话框中选择【画线类型】和【样式】,然后单击【确定】按钮即可,如图5-1-7所示。如果想删除区域中的表格线,则重复上述过程,将样式选为【空线】即可。

6. 表样数据录入

输入利润表标题、表头、表体的项目与行次、表尾等报表固定数据,形成表样,这些报表固定数据将被复制到同一报表的每一表页中,因此,也称为表样数据。表样数据是报表格式的主要组成部分,如果要对报表格式加以保护,可以执行【格式】|【保护】|【格式加锁】命令进行设置,如图5-1-8所示。

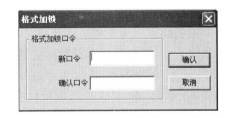

图5-1-7　【区域画线】对话框　　　　图5-1-8　【格式加锁】对话框

经过上述一系列操作步骤,一张利润表基本创建完毕,如果对报表的美观程度不满意,可以利用【格式】菜单、【编辑】菜单或工具栏的工具进行必要的修饰,直到满意为止,最后存盘退出即可,特别注意报表文件名与存放位置,便于日常工作调用,具体的利润表样张如图 5 - 1 - 9 所示。

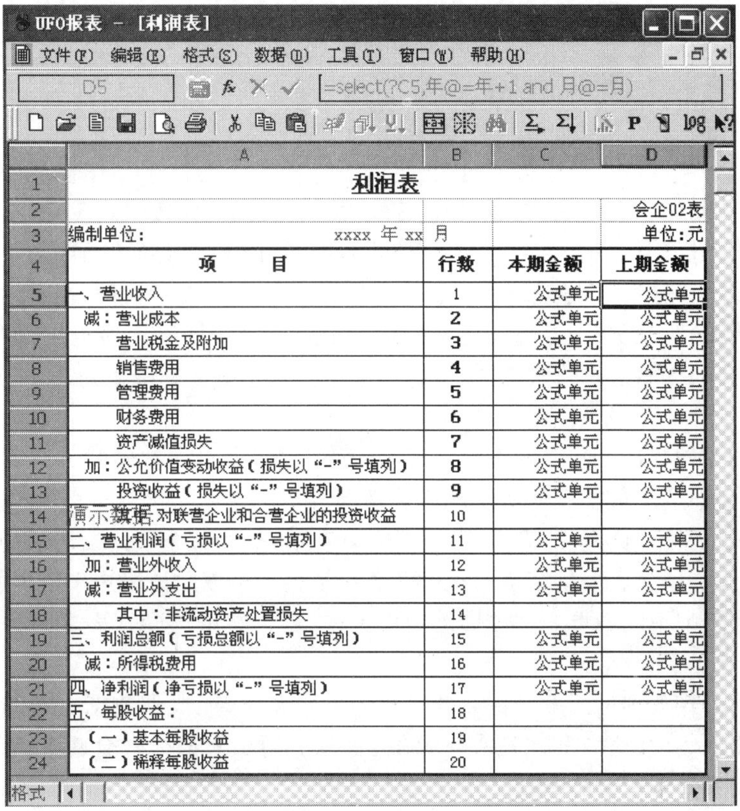

	A	B	C	D
1	利润表			
2				会企02表
3	编制单位: xxxx 年 xx 月			单位:元
4	项　　目	行数	本期金额	上期金额
5	一、营业收入	1	公式单元	公式单元
6	减:营业成本	2	公式单元	公式单元
7	营业税金及附加	3	公式单元	公式单元
8	销售费用	4	公式单元	公式单元
9	管理费用	5	公式单元	公式单元
10	财务费用	6	公式单元	公式单元
11	资产减值损失	7	公式单元	公式单元
12	加:公允价值变动收益(损失以"-"号填列)	8	公式单元	公式单元
13	投资收益(损失以"-"号填列)	9	公式单元	公式单元
14	其中:对联营企业和合营企业的投资收益	10		
15	二、营业利润(亏损以"-"号填列)	11	公式单元	公式单元
16	加:营业外收入	12	公式单元	公式单元
17	减:营业外支出	13	公式单元	公式单元
18	其中:非流动资产处置损失	14		
19	三、利润总额(亏损总额以"-"号填列)	15	公式单元	公式单元
20	减:所得税费用	16	公式单元	公式单元
21	四、净利润(净亏损以"-"号填列)	17	公式单元	公式单元
22	五、每股收益:	18		
23	(一)基本每股收益	19		
24	(二)稀释每股收益	20		

图 5 - 1 - 9　制作完后的利润表样张

四、任务练习

(1) 录入利润表项目内容,并设置行次。

(2) 设置利润表编制单位、年月等关键字。

任务二　定义利润表公式

一、明确任务

会计报表框架制作过程最为重要的是会计报表公式的定义,也是会计报表框架制作的难点。会计报表公式的含义与 Excel 表中单元格计算公式的含义相似,即遵循一定的语法规则,由运算符、常数、变量、关键字、单元等组成的表达式,如公式 C3 = D5 + D6,表示 C3 单元数值等于 D5 单元与 D6 单元数值之和,对于利润表而言,营业收入本期发生额 = 主营业务收入总账贷方本期发生额 + 其他业务收入总账贷方发生额等,请根据利润表编制原理,列出利润表各栏数据填列的等式,然后,借助 UFO 报表管理系统提供的各种取数函数,完成利润表公式定义,使利润表能根据总账数据自动生成。

二、知识准备

UFO 报表管理系统中公式主要分为单元公式、审核公式和舍位平衡公式三类,所有公式定义均在报表格式状态下完成。

1. 单元公式

单元公式又可以称为取数公式,以特定的表达式表示会计手工作业会计报表各项数据填列要求,从而便于 UFO 系统自动组织报表数据,提高工作效率。

单元公式在格式状态下定义,光标定位于目标单元格,点击菜单"数据→编辑公式→单元公式",也可以按"="号或工具栏【fx】图标弹出单元公式对话框,在对话框中直接输入算术表达式或利用函数引导自动定义公式。公式定义完毕确认后退出,如公式出现语法错误,系统自动提示输入公式错误,重新进入单元公式对话框修正公式。

2. 审核公式

报表中的各种数据之间一般都存在某种勾稽关系,表示这种勾稽关系算术表达式就称为审核公式,如资产负债表期初期末数均应符合"资产 = 负债 + 所有者权益"关系,用单元名分别代替资产、负债、所有者权益而表示的这种平衡关系就是资产负债表的审核公式,用来进一步验证报表编制结果的正确性。审核公式可以验证表页中数据的勾稽关系,也可以验证同表中不同表页之间数据的勾稽关系,还可验证不同报表之间的数据的勾稽关系。

定义审核公式关键是正确分析数据之间的关联关系,能找到数据之间的勾稽关系来检查验证数据准确性,这种审核关系必须确定正确,否则,审核公式会起到相反的作用,给会计报表编制者带来错误的判断。

审核公式实质上是一种逻辑表达式,借助于各种逻辑运算符将需要比较的数据连接起来所形成的表达式。各种逻辑运算符有:=、>、<、>=、<=等,其格式如下:

<表达式1>　逻辑运算符　<表达式2>
MESS　"信息说明"

3. 舍位平衡公式

在实际工作中,若干报表进行汇总后,数据金额可能较大,为使数据表述更加简单明了,可能会对报表数据的计量单位进行转换,如计量单位由元变成万元,但数据转换后仍然保留两位有效数字,因数据四舍五入的影响,原来数据的平衡关系可能会因为小数的四舍五入而被破坏。因此,还需要对转换计量单位后的数据进行调整,使舍位后的数据符合指定的平衡公式。这种用于使报表数据舍位及重新调整平衡关系的公式称为舍位平衡公式。

例如,50.23+5.24=55.47,如每个数据除以 10,舍去最后一位,则变成 5.02+0.52=5.55,很显然,50.2+0.52 并不等于 5.55,为保证最后数据的准确性的同时不破坏其本来的平衡关系,应当对 5.02 或 0.52 进行适度调整,改成 5.02+0.53=5.55。这就是具体的舍位平衡过程。

定义舍位平衡公式需要指明需要进行舍位平衡操作的表名、舍位范围、舍位位数及具体的平衡公式,如将利润表计量单位由元改为万元。

4. 公式符号格式

各种报表公式中的英文字符、运算符、标点符等符号只能是半角字符,若为全角字符,则公式不合语法规则。英文字母可以用大写、小写或大小写混合使用。

三、工作过程

1. 定义单元公式

该单元应当根据主营业务收入和其他业务收入总账中取本期发生额数据分析填列。具体操作步骤如下。

（1）将光标定位于营业收入本期数单元格，打开【单元公式】对话框，如图 5 – 1 – 10 所示。

图 5 – 1 – 10 【定义公式】对话框

（2）单击【函数向导】按钮，在左边列表框中选择用友账务函数，在右边列表框中选择发生（FS）函数，如图 5 – 1 – 11 所示，单击【下一步】按钮，弹出【用友账务函数】对话框。如果熟悉公式的定义方法，也可以不需要应用函数向导进行公式定义，在【定义公式】对话框中可以直接输入公式对应的算术表达式。

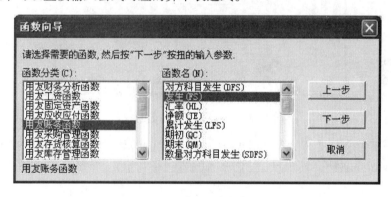

图 5 – 1 – 11 【函数向导】对话框

（3）如图 5 – 1 – 12 所示，在【用友账务函数】对话框上部，列示了函数的格式及各参数项的含义，用户书写函数时参考使用，在【函数录入】编辑框中，用户依据函数格式要求自行录入，也可以单击【参照】按钮，进入【账务函数】对话框。

（4）如图 5 – 1 – 13 所示，在【账务函数】对话框中，正确选择各参数。【账套号】与【会计年度】一般选择默认，从而保证公式的通用性，如选择具体的账套号与会计年度，则进入一下年度或更换账套号，该公式即需要更改；单击【科目】后面【…】按钮，选择主营业务收入科目，【期间】根据本期含义选择【月】或【季】、【年】，本例假定选择【月】，【方向】根据科目性质选择确定，主营业务收入选择贷方，所有参数选择完毕单击【确定】按钮退出，在【定义公式】对话框中会显示公式的算术表达式 FS("6001",月,"货",,,)。

（5）在定义公式窗口，输入算术运算符"＋"，重复上述定义主营业务收入取数公式

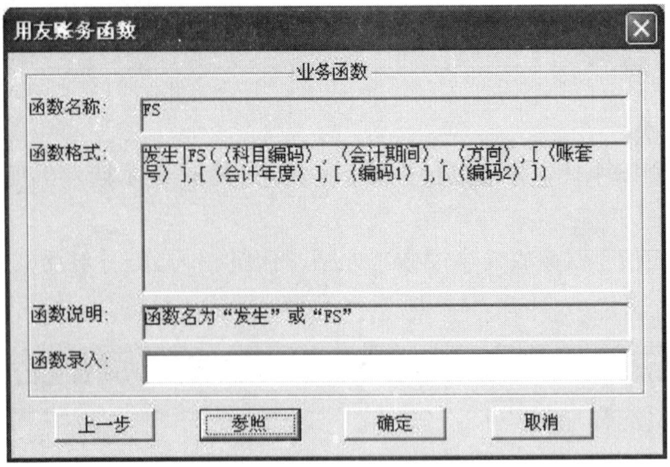

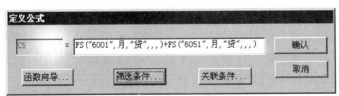

图 5 - 1 - 12　【用友账务函数】对话框

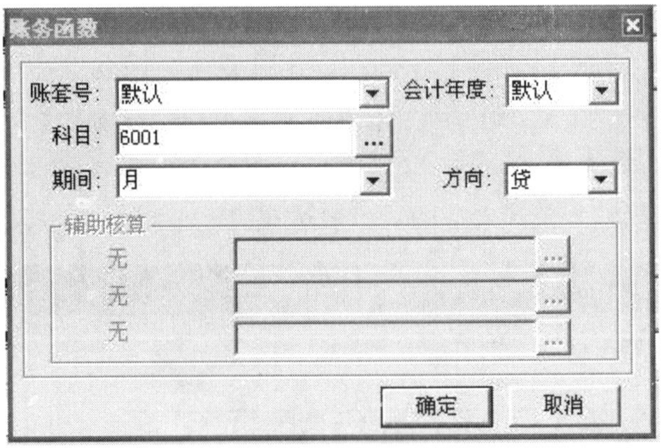

图 5 - 1 - 13　【账务函数】对话框

操作程序,最后在【定义公式】对话框中显示公式的算术表达式为 FS("6001" ,月,"货" ,,,) + FS("6051",月,"货",,,),单击【确认】按钮退出,该单元公式即定义完毕,如图 5 - 1 -14 所示。

图 5 - 1 - 14　营业收入本期发生额公式定义窗口示意图

　　单元数据可以从账务系统或其他子系统取数计算获得,也可以从本表页其他数据计算获得,还可以从本表其他表页取数计算获得。例如,定义利润总额本期数,该单元应当根据利润表中各行数据直接计算,即由"营业利润本期数 + 营业外收入本期数 - 营业外支出本期数"计算分析填列。将光标定位于利润总额本期数单元,按" = "弹出"定义公式"对话框,在对话框中直接输入 C14 + C15 - C16,单击【确认】按钮后退出即可。

2. 定义审核公式

（1）执行【数据】|【编辑公式】|【审核公式】命令,弹出【审核公式】对话框,如图5-1-15所示。

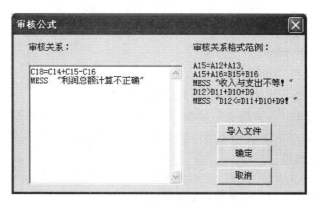

图5-1-15　【审核公式】对话框

（2）参照【审核公式】对话框右上角范例,在对话框中直接输入审核公式,每行以回车结束,特别应当注意 MESS 后的信息必须采用半角字符的引号,并单独一行。在【审核公式】定义对话框中可以同时定义若干组审核公式。例如:

$$C18 = C14 + C15 - C16$$

MESS　"利润总额计算不正确"

（3）单击【确定】按钮退出即可。对于用其他软件编制的审核公式 TXT 文本文件,可以借助导入文件功能直接传递,不需要再从键盘输入。

3. 定义舍位平衡公式

（1）首先打开需要进行舍位平衡的报表文件,如利润表文件。

（2）执行【数据】|【编辑公式】|【舍位公式】命令,弹出【舍位平衡公式】对话框,如图5-1-16所示。

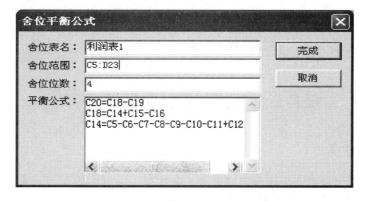

图5-1-16　【舍位平衡公式】对话框

（3）输入舍位表名:利润表1。

（4）输入舍位范围:C5:D23。

（5）输入舍位位数:3。

（6）输入舍位平衡公式：

C20 = C18 – C19

C18 = C14 + C15 – C16

C14 = C5 – C6 – C7 – C8 – C9 – C10 – C11 + C12 + C13

（7）单击【完成】按钮。

（8）整个报表文件保存退出即可。

注意：

① 舍位表名不能与当前表名相同，默认存储在当前文件夹下。

② 舍位范围应当将所有要舍位的数据包括在内，不可带页号和表名。

③ 舍位位数为 1 ~ 8，1 表示舍位位数为 1，区域中的数据除 10；舍位位数为 2，区域中的数据除 100，以此类推。

④ 平衡公式：要求按统计过程的逆方向书写舍位平衡公式，格式为“ < 单元 > = < 算术表达式 > ”，右边不得含有筛选条件和关联条件。

⑤ 舍位平衡对报表的整个表页均有效。

⑥ 一个单元中如果定义了单元公式，则在格式状态下，单元中显示“公式单元”这四个汉字，单元公式显示在编辑栏中；在数据状态下，如账套初始成功后，单元中显示公式计算后的结果，单元公式显示在编辑栏中。

⑦ 单元公式定义过程中，还可以利用筛选或关联加上必要的限定条件。筛选条件是对计算公式的一种辅助约束，用来控制符合条件的表页数据参与计算公式运算。例如，在筛选对话框中输入“FOR 年 = 2006　AND 月 > 6”，表示计算公式对 2006 年下半年的表页进行计算。关联是指将利用限定条件从其他表中取数。

四、任务练习

依据利润表编制原理，设置各单元自动取数公式。

打开利润表文件，单击“文件”菜单中的“另存为”命令项，选择文件类型为“MS Excel 文件（ * . xls）”，将利润表保存到“利润表 . xls”文件，用 MS Excel 电子表格软件打开该文件，在利润表下方用 Excel 公式计算本期和上期的毛利率与净利率，练习财务软件与 MS Excel 的结合应用。

任务三　生成与审核利润表

一、明确任务

UFO 报表管理系统的应用极大地提高了会计报表编制的效率与效果，完成任务一和二，为顺利完成工作任务三创造了条件。

（1）请根根南京钟山机械设备有限公司 1 月份账务数据自动生成当期利润表，并审核生成的报表数据的准确性。

（2）请根据管理需要，建立新的会计年度报表文件，并制作第一季度三个月的表页。

二、知识准备

编制利润表、资产负债表等会计报表是每一个会计期末财务部门必备的工作。会计人员在账务等其他子系统日常操作并已结账的前提下,利用 UFO 报表管理系统已经建立好的报表文件或报表模板,生成每一个会计期末符合要求的新的会计报表表页,完成会计报表的编制任务。

三、工作过程

1. 利润表生成与审核

报表生成与审核的具体操作步骤如下。

1）打开报表文件

报表生成与审核是在打开指定报表文件中指定表页中进行的,打开报表文件的方式比较简单,一般可以采用两种方式打开。

（1）在报表系统窗口中执行【文件】|【打开】命令,浏览需要打开的报表文件即可。

（2）调用报表模板新建报表文件。在报表的系统窗口中,新建一张空白报表,执行【格式】|【报表模板】命令,在【报表模板】对话框中选择【2007 年新会计制度科目】和【利润表】,单击【确认】按钮,如图 5 - 1 - 17 所示,出现提示对话框,单击【确认】按钮即可。

2）录入关键字

关键字是用以识别同一报表文件中不同表页的变量,将报表从格式状态下转换为数据状态,执行【数据】|【关键字】|【录入】命令,弹出如图 5 - 1 - 18 所示的【录入关键字】对话框,在对话框中正确输入单位名"南京钟山机械设备有限公司""2013 年 1 月",确认即可。

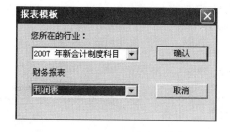

图 5 - 1 - 17　【报表模板】对话框

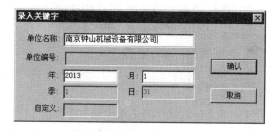

图 5 - 1 - 18　【录入关键字】对话框

3）报表计算生成

执行【数据】|【表页重算】命令,若当前表页是第一页,系统会弹出【是否重算第 1 页?】信息对话框,如图 5 - 1 - 19 所示,单击【是】按钮,系统会根据报表公式在指定账套和会计年度范围内进行报表取数与计算,生成相关会计报表,保存后退出。

思考:请实际操作后思考数据菜单中的整表重算、表页重算与本表不重算有什么区别,各自在什么情况下使用。

4）报表审核

报表数据生成完毕,为验证会计报表编制是否准确,可以执

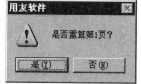

图 5 - 1 - 19　表页重算
对话框

行审核功能。如审核不能通过,系统在窗口会给出错误提示,用户应当根据错误提示考虑会计报表公式定义是否正确,当然,首先应保证审核公式定义是准确无误的。

2. 利润表管理

1)插入和追加表页

同一个报表文件中可以存放若干张结构相同的报表,向一个报表文件中增加表页有追加和插入两种方式,插入表页即在当前表页前面增加新的表页;追加表页即在最后一张表页后面增加新的表页。具体操作步骤如下。

(1)进入数据状态选取报表页标,确定当前表页及表面插入的位置。

(2)执行【编辑】|【插入】|【表页】命令,在弹出的【插入表页】对话框中输入需插入的责页张数,单击【确认】按钮后退出,如图 5 – 1 – 20 所示。

表页的追加操作与插入表页的操作方法基本相同,执行【编辑】|【追加】|【表页】命令即可。

2)交换表页

交换表页是将指定的表页中的数据进行交换,一般指在同一报表文件中的不同表页之间进行操作。具体的操作步骤如下。

(1)进入数据状态执行【编辑】|【交换】|【表页】命令,弹出的如图 5 – 1 – 21 所示的【交换表页】对话框。

 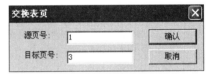

图 5 – 1 – 20 【插入表页】对话框　　　图 5 – 1 – 21 【交换表页】对话框

(2)在对话框中输入源页号与目标页号,即需要相互交换的表页页号。表页交换过程中可以一次交换多个表页,多个表页页号用",""隔开。

3)表页删除

表页删除是指将指定的表页从报表文件中删除,删除后,报表的表页数相应减少。具体操作步骤如下。

(1)进入数据状态执行【编辑】|【删除】|【表页】命令,弹出如图 5 – 1 – 22 所示的【删除表页】对话框。

(2)如果不指定表页号和删除条件,则单击【确认】按钮后删除当前表页。

图 5 – 1 – 22 【删除表页】对话框

(3)如果要删除指定表页,则在【删除表页】编辑框中输入表页号,可以同时删除多个表页,各个表页号用",""隔开,如输入"1,3,10",表示删除第1、第3、第10张表页。

(4)如果要删除符合条件的表页,可以在【删除条件】编辑框中输入删除条件或单击【条件】按钮,在【定义条件】对话框中定义删除条件。

4)表页排序

表页排序是指将报表文件中的表页按关健值或者报表中任何一个单元的值重新排列。其具体操作方法类似于 Excel 中表格排序。在数据状态下,执行【数据】|【排序】|【表页】命令,在弹出的如图 5 – 1 – 23 所示的【表页排序】对话框中选择排序的关健值和

排序标准,单击【确认】按钮退出即可。

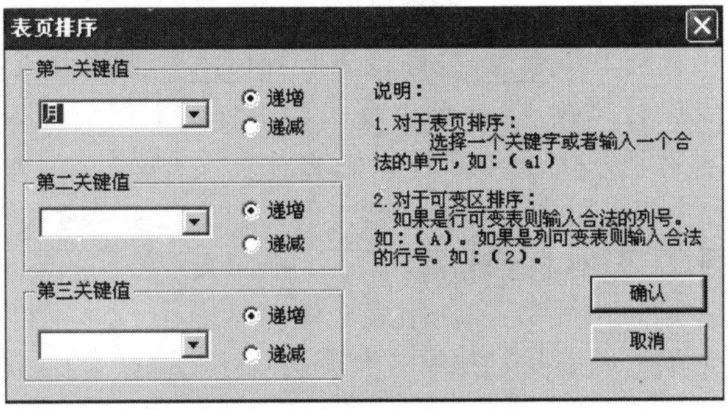

图 5 - 1 - 23 【表页排序】对话框

思考:在编辑菜单插入、追加、交换、删除等选项中,同时可以进行表页行、列操作,在什么状态下进行这些操作?

5)报表文件新建

对于新的会计年度,为管理方便,报表文件一般需要新建,新建的方式与报表文件创建方式相同,也可以将过去会计年度的报表文件复制后生成。

四、任务练习

表页汇总是指将报表中相同结构的表页数据进行汇总,请自行插入或追加若干表页,并生成汇总表页。

任务四 输出利润表

一、明确任务

会计报表是会计工作的最终产品,根据企业管理需要,会计报表需要借助不同的形式进行输出。

请将编制的南京机械设备有限公司的会计报表以不同的形式进行输出。

二、知识准备

会计报表的输出形式一般有报表查询、网络传输、打印输出和磁盘输出等。

1. 报表查询

报表查询是报表管理系统应用的重要工作,在报表管理系统中,可以对当前正在编辑的报表予以查询,也可以对历史的报表进行迅速有效的查询。在进行报表查询时一般以整张表页的形式输出,也可以将多张表页的局部内容同时输出,这种输出叫透视。

2. 网络传输

网络传输方式是通过网络将报表从不同用户之间进行传输的方式。随着互联网技术的发展与普及,利用网络进行数据传输的方式已成为数据传输的最为重要的形式之一。利用网络进行数据传输,不仅大大提高了会计数据的时效性、准确性和安全性,也可以节省会计报表报送部门大量的人力、物力和财力。

3. 打印输出

根据会计电算化管理工作规范,会计报表必须以纸介质的形式打印输出保管。打印输出是将会计报表进行保存、报送有关部门而不可缺少的一种报表输出方式,但在打印之前必须在报表管理系统中做好打印机的有关设置,以及报表打印的格式设置,并确认打印机已经和主机正常连接。打印输出的操作方式与 Word、Excel 有关文件的打印输出方式基本相同。UFO 报表管理系统提供了不同文件格式的输出方式,方便不同软件之间进行数据的交换,输出的格式有:报表文件(＊.rep)、文本文件(＊.TXT)、数据文件(＊.DBF)、Acess 文件(＊.mdl)、Excel 文件(＊.xls)、Lotus1－2－3(＊.wk4)。

此外,将各种报表以文件的形式输出到 U 盘也是常用的方式。

三、工作过程

查找表页时可以以某关键字或某单元为查找依据。具体操作步骤如下。

（1）在数据状态下,执行【编辑】|【查找】命令,打开【查找】对话框,如图 5－1－24 所示。

（2）选中【表页】选项,在【查询条件】框中分别输入"月＝12",单击【查找】按钮,这里的表页即为第一个符合条件的表页。

图 5－1－24　表页查找对话框

用户只要将报表生成网页文件(Html 文件),就可以将其发布在企业内部网和互联网上。

四、任务练习

打开利润表文件,单击"文件"菜单中的"另存为"命令项,选择文件类型为"MS Excel 文件(＊.xls)",将利润表保存到"利润表.xls"文件,用 MS Excel 电子表格软件打开该文件,在利润表下方用 Excel 公式计算本期和上期的毛利率与净利率,练习财务软件与 MS Excel 的结合应用。

模块二　编制资产负债表

应用报表处理软件编制资产负债表的工作流程及所需知识基本同于利润表,但资产负债表的结构及取数公式有其自身的特点,本模块进一步熟练财务软件中会计报表的编制。

学习目标

1. 能正确应用报表模板生成资产负债表等表格框架;
2. 能熟练设置资产负债表各类报表公式,包括取数公式、表间运算公式、数据计算公式等,自动从总账系统取数生成会计报表;
3. 能主动设置资产负债表审核公式进行会计报表审核;
4. 能根据管理需要打印出编制好的资产负债表。

工作过程

1. 资产负债表创建;
2. 资产负债表公式定义;
3. 资产负债表生成与审核;
4. 资产负债表输出。

任务 编制、审核与输出资产负债表

一、明确任务

南京钟山机械设备有限公司财务结账后,执行【账表】|【科目账】|【余额表】命令,显示结果如图 5 – 2 – 1 所示。试根据如表 5 – 2 – 1 所示南京钟山机械设备有限公司资产负债表样式,应用 UFO 报表系统编制 2013 年 1 月份的资产负债表。

二、知识准备

资产负债表的编制基础是:正确理解表中每个项目的经济含义,熟练掌握各个项目的编制方法。资产负债表的数据来源是总账系统余额表中资产、负债及所有者权益三类会计科目的当前月份期末余额和 1 月份的期初余额。应用财务软件编制资产负债表的基本流程如下。

第一步,资产负债表格式框架设计,资产负债表格式是资产、负债和所有者权益数据的载体。系统提供了一套资产负债表的框架模板,可以从中选择,经适当修改,形成符合会计制度要求的资产负债表格式。

第二步,设置资产负债表各项目"期末余额"和"年初余额"的计算公式,简称资产负债表单元公式。根据资产负债表各项目列报要求,将资产负债表的填列方法公式化,使 UFO 报表系统能从总账系统中自动取数,实现报表系统自动编制资产负债表的功能,该步是正确生成资产负债表的关键。另外,为了检查资产负债表数据的正确性,还应设置用于校验数据的校验公式,为了汇总,还应设置舍位平衡公式。资产负债表的单元公式、校验公式和舍位平衡公式统称资产负债表公式。

第三步,生成资产负债表。

发生额及余额表

金额式 ▼

月份：2013.01-2013.01

科目名称	期初余额		本期发生		期末余额	
	借方	贷方	借方	贷方	借方	贷方
库存现金	1,006.00		2,000.00	1,000.00	2,006.00	
银行存款	316,700.00		201,000.00	40,080.00	477,620.00	
应收票据	20,000.00				20,000.00	
应收账款	478,000.00		58,500.00		536,500.00	
其他应收款	7,500.00		800.00	2,400.00	5,900.00	
在途物资	85,000.00			45,000.00	40,000.00	
原材料			79,000.00	11,458.33	67,541.67	
周转材料			200.00		200.00	
库存商品	570,000.00				570,000.00	
固定资产	618,500.00		200,000.00	82,000.00	736,500.00	
累计折旧		128,000.00	17,372.34			110,627.66
固定资产清理			65,000.00	65,000.00		
在建工程			11,458.33		11,458.33	
无形资产	50,000.00				50,000.00	
	2,146,706.00	128,000.00	635,330.67	246,938.33	2,517,726.00	110,627.66
短期借款		60,000.00				60,000.00
应付票据		120,000.00				120,000.00
应付账款		580,000.00				580,000.00
预收账款		100,000.00				100,000.00
应付职工薪酬				34,360.00		34,360.00
应交税费		45,000.00	4,080.00	8,500.00		49,420.00
长期借款		315,000.00				315,000.00
应付利息		3,406.00		300.00		3,706.00
		1,223,406.00	4,080.00	43,160.00		1,262,486.00
实收资本		577,220.00		316,000.00		893,220.00
资本公积		137,100.00		20,000.00		157,100.00
盈余公积		80,980.00				80,980.00
本年利润			33,900.00	50,372.34		16,472.34
		795,300.00	33,900.00	386,372.34		1,147,772.34
生产成本			3,160.00		3,160.00	
			3,160.00		3,160.00	
主营业务收入			50,000.00	50,000.00		
销售费用			3,800.00	3,800.00		
管理费用			29,800.00	29,800.00		
财务费用			300.00	300.00		
营业外收入			372.34	372.34		
			84,272.34	84,272.34		
	2,146,706.00	2,146,706.00	760,743.01	760,743.01	2,520,886.00	2,520,886.00

图 5-2-1 发生额及余额表

第四步，根据资产负债表审核要求，审核资产负债表表内与表间钩稽关系是否正确无误。

第五步，以文件、打印方式输出资产负债表。

设计资产负债表格式框架和设置资产负债表公式两项工作是应用财务软件编制资产负债表的基础性工作，其结果在每次编制资产负债表时可以被反复使用，无须重复设置；资产负债表的项目内容、报表格式与填列方法没有变化的情况下，此两步无需重做。第三、四、五三步是每次编制报表时都要完成的工作。资产负债表公式并非一成不变，应随着经济业务的需要而作相应调整。

表 5 - 2 - 1　资产负债表

会企 01 表

表编制单位：　　　　　　　　　　年　月　日　　　　　　　　　　单位：元

资产	行次	期末余额	年初余额	负债和所有者权益（或股东权益）	行次	期末余额	年初余额
流动资产：	1			流动负债：	32		
货币资金	2			短期借款	33		
交易性金融资产	3			交易性金融负债	34		
应收票据	4			应付票据	35		
应收账款	5			应付账款	36		
预付账款	6			预收款项	37		
应收股利	7			应付职工薪酬	38		
应收利息	8			应交税费	39		
其他应收款	9			应付利息	40		
存货	10			应付股利	41		
一年内到期的非流动资产	11			其他应付款	42		
其他流动资产	12			一年内到期的非流动负债	43		
流动资产合计	13			其他流动负债	44		
非流动资产：	14			流动负债合计	45		
可供出售金融资产	15			非流动负债：	46		
持有至到期投资	16			长期借款	47		
长期应收款	17			应付债券	48		
长期股权投资	18			长期应付款	49		
投资性房地产	19			专项应付款	50		
固定资产	20			预计负债	51		
在建工程	21			递延所得税负债	52		
工程物资	22			其他非流动负债	53		
固定资产清理	23			非流动负债合计	54		
无形资产	24			负债合计	55		
开发支出	25			所有者权益(或股东权益)：	56		
商誉	26			实收资本	57		
长摊待摊费用	27			资本公积	58		
递延所得税资产	28			盈余公积	59		
其他非流动资产	29			未分配利润	60		
非流动资产合计	30			所有者权益(或股东权益)合计	61		
资产总计	31			负债和所有者(或股东权益)合计	62		

制表人：　　　　　　　　　　　　　　　　　　财务主管：

三、工作过程

1. 创建资产负债表格式

创建资产负债表格式有自行定义和模板引用两种方式，这里选择使用 UFO 报表系统提供的资产负债表模板生成资产负债表格式,省去自行定义创建报表的烦琐步骤。

(1)执行【文件】|【新建】命令,创建一张空白表,执行【格式】|【报表模板】命令,弹出【报表模板】对话框,如图5-2-2所示。选择行业为【2007年新会计制度科目】,财务报表为【资产负债表】,单击【确认】按钮,弹出如图5-2-2和图5-2-3所示对话框。

图5-2-2 【报表模板】对话框

图5-2-3 是否覆盖对话框

(2)单击【确定】按钮,按表5-2-1所给样式对模板进行修改,得到如图5-2-4所示资产负债表格式。

资产负债表

会企01表

单位名称:xxxxxxxxxxxxxxxxxxxxxxxx   xxxx 年 xx 月 xx 日

单位:元

资　产	行次	期末余额	年初余额	负债及所有者权益	行次	期末余额	年初余额
流动资产:	1			流动负债:	32		
货币资金	2	公式单元	公式单元	短期借款	33	公式单元	公式单元
交易性金融资产	3	公式单元	公式单元	交易性金融负债	34	公式单元	公式单元
应收票据	4	公式单元	公式单元	应付票据	35	公式单元	公式单元
应收账款	5	公式单元	公式单元	应付账款	36	公式单元	公式单元
预付账款	6	公式单元	公式单元	预收款项	37	公式单元	公式单元
应收股利	7	公式单元	公式单元	应付职工薪酬	38	公式单元	公式单元
应收利息	8	公式单元	公式单元	应交税费	39	公式单元	公式单元
其他应收款	9	公式单元	公式单元	应付利息	40	公式单元	公式单元
存货	10	公式单元	公式单元	应付利息	41	公式单元	公式单元
一年内到期的非流动资产	11	公式单元	公式单元	其他应付款	42	公式单元	公式单元
其他流动资产	12	公式单元	公式单元	一年内到期的非流动负债	43	公式单元	公式单元
流动资产合计	13	公式单元	公式单元	其他流动负债	44		
非流动资产:	14			**流动负债合计**	45	公式单元	公式单元
可供出售金融资产	15			非流动负债:	46		
持有至到期投资	16	公式单元	公式单元	长期借款	47	公式单元	公式单元
长期应收款	17			应付债券	48	公式单元	公式单元
长期股权投资	18	公式单元	公式单元	长期应付款	49	公式单元	公式单元
投资性房地产	19			专项应付款	50	公式单元	公式单元
固定资产	20	公式单元	公式单元	预计负债	51		
在建工程	21	公式单元	公式单元	递延所得税负债	52	公式单元	公式单元
工程物资	22	公式单元	公式单元	其他非流动负债	53	公式单元	公式单元
固定资产清理	23	公式单元	公式单元	**非流动负债合计**	54		
无形资产	24	公式单元	公式单元	**负债合计**	55	公式单元	公式单元
开发支出	25	公式单元	公式单元	所有者权益(或股东权益):	56	公式单元	公式单元
商誉	26	公式单元	公式单元	实收资本	57		
长期待摊费用	27			资本公积	58	公式单元	公式单元
递延所得税资产	28	公式单元	公式单元	盈余公积	59	公式单元	公式单元
其他非流动资产	29	公式单元	公式单元	未分配利润	60	公式单元	公式单元
非流动资产合计	30	公式单元	公式单元	**所有者权益(或股东权益)合计**	61	公式单元	公式单元
资产总计	31	公式单元	公式单元	**负债和所有者(或股东权益)合计**	62	公式单元	公式单元
制表人:				财务主管:			

格式 ◀ ▶

图5-2-4 【资产负债表】窗口

(3)执行【文件】|【另存为】命令,以文件名"2013年度资产负债表.rep"保存在存储介质中。

2. 设置资产负债表单元公式

根据余额表中各会计科目期初余额与期末余额数据,按项目五中模块一的任务二中"定义单元公式"的工作过程设置资产负债表单元公式。表 5 - 2 - 2 为南京钟山机械设备有限公司资产负债表资产项目的单元公式。

表 5 - 2 - 2　资产负债表资产项目的单元公式

资产项目	栏目	单元公式	含义
货币资金	期末余额	QM("1001",月) + QM("1002",月)	"库存现金"科目与"银行存款"科目期末余额之和
	年初余额	QC("1001",全年) + QC("1002",全年)	"库存现金"科目与"银行存款"科目年初余额之和
应收票据	期末余额	QM("1111",月)	"应收票据"科目期末余额
	年初余额	QC("1111",全年)	"应收票据"科目年初余额
应收账款	期末余额	QM("1131",月,"借",,,"01") + QM("1131",月,"借",,,"02") + QM("1131",月,"借",,,"03") + QM("2131",月,"借",,,"04")	"应收账款"科目"01""02""03"号辅助科目与"预收账款"科目"04"号辅助科目借方期末余额之和
	年初余额	QC("1131",全年,"借",,,"01") + QC("1131",全年,"借",,,"02") + QC("1131",全年,"借",,,"03") + QC("2131",全年,"借",,,"04")	"应收账款"科目"01""02""03"号辅助科目与"预收账款"科目"04"号辅助科目借方年初余额之和
其他应收款	期末余额	QM("1133",月)	"其他应收款"科目期末余额
	年初余额	QC("1133",全年)	"其他应收款"科目年初余额
存货	期末余额	QM("1201",月) + QM("1211",月) + QM("1231",月) + QM("1243",月) + QM("4101",月)	"在途物资""原材料""周转材料""库存商品""生产成本"科目期末余额之和
	年初余额	QC("1201",全年) + QC("1211",全年) + QC("1231",全年) + QC("1243",全年) + QC("4101",全年)	"在途物资""原材料""周转材料""库存商品""生产成本"科目年初余额之和
流动资产合计	期末余额	PTOTAL（C6：C16）	全部流动资产项目期末余额之和
	年初余额	PTOTAL（D6：D16）	全部流动资产项目年初余额之和
固定资产	期末余额	QM("1501",月) - QM("1502",月,"贷")	"固定资产"科目期末余额与"累计折旧"科目期末余额之差
	年初余额	QC("1501",全年) - QC("1502",全年,"贷")	"固定资产"科目期末余额与"累计折旧"科目年初余额之差
在建工程	期末余额	QM("1601",月)	"在建工程"科目期末余额
	年初余额	QC("1601",全年)	"在建工程"科目年初余额
商誉	期末余额	QM("180101",月)	"无形资产"科目之"商誉"细目期末余额
	年初余额	QC("180101",全年)	"无形资产"科目之"商誉"细目年初余额
非流动资产合计	期末余额	PTOTAL（C19：C33）	全部非流动资产项目期末余额之和
	年初余额	PTOTAL（D19：D33）	全部非流动资产项目年初余额之和
资产总计	期末余额	C17 + C34	流动资产与非流动资产项目期末余额之和
	年初余额	D17 + D34	流动资产与非流动资产项目年初余额之和

注意:

① 单元格的表示格式为 < 栏 > < 行 > ,如 C6、D33 等,其中,"行" 为电子表格本身的行号,而不是表体内部的"行次"。

② 单元区域的表示格式为 < 栏1 > < 行1 > : < 栏2 > < 行2 > ,起始单元格与终止单元格之间以英文冒号分隔,如 C6:C16、D19:D33 等。

③ 单元公式即可以【函数向导】功能产生,也可直接使用键盘录入,若取后者,要注意取数函数的格式及英文符号的使用。

3. 资产负债表生成

(1) 单元公式设置完毕,单击图 5 - 2 - 4 所示【资产负债表】窗口的【格式】按钮,弹出【是否确定全表重算】的对话框,如图 5 - 2 - 5 所示。若报表文件"2013 年度资产负债表 . rep"中已经存有其他月份的资产负债表页,应该单击【否】按钮。

图 5 - 2 - 5 【是否确定全表重算】对话框

(2) 在数据状态下执行【数据】|【关键字】|【录入】命令,在【录入关键字】对话框中录入单位名称、年、月、日等关键字值,如图 5 - 2 - 6 所示,单击【确认】按钮,或【取消】按钮后,执行【数据】|【表页重算】命令,弹出【是否重算第 n 页】对话框,如图 5 - 2 - 7 所示。

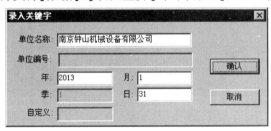

图 5 - 2 - 6 【录入关键字】对话框

图 5 - 2 - 7 【是否重算】对话框

(3) 单击【是】按钮,等待一段时间后,窗口显示如图 5 - 2 - 8 所示报表,表明资产负债表生成完毕。

4. 资产负债表审核

资产负债表生成后,用目测的方法审核报表往往容易造成遗漏,尤其是会计科目与报表项目发生变动时,应用前期的报表单元公式生成本期的资产负债表,其数据一般存在差错。此时,通过报表审核功能审核报表显得尤为重要。

资产负债表审核的关键是审核公式的设置,在资产负债表窗口格式状态下执行【数据】|【编辑公式】|【审核公式】命令,在【审核窗口】设置下列审核公式。在资产负债表窗口数据状态下执行【数据】|【审核】命令,可以验证资产负债表是否存在审核公式中所提及的问题。

c14 > =0

MESS "存货项目期末余额不能小于0!"

c35 = g35

MESS "资产期末余额总计与权益期末余额总计不相等!"

g33 = 10 + select(g33,年@ = 年 and 月@ = 月 +1) + "利润表" - > C20

资产负债表

单位名称：南京钟山机械设备有限公司　　　2018 年　　1 月　　31 日

会企01表
单位：元

资　　产	行次	期末余额	年初余额	负债及所有者权益	行次	期末余额	年初余额
流动资产：	1			流动负债：	32		
货币资金	2	479626.00	317706.00	短期借款	33	60000.00	60000.00
交易性金融资产	3			交易性金融负债	34		
应收票据	4	20000.00	20000.00	应付票据	35	120000.00	120000.00
应收账款	5	536500.00	478000.00	应付账款	36	580000.00	580000.00
预付账款	6			预收款项	37	100000.00	100000.00
应收股利	7			应付职工薪酬	38	34360.00	
应收利息	8			应交税费	39	49420.00	45000.00
其他应收款	9	5900.00	7500.00	应付利息	40	3706.00	3406.00
存货	10	680901.67	655000.00	应付股利	41		
一年内到期的非流动资产	11			其他应付款	42		
其他流动资产	12			一年内到期的非流动负债	43		
流动资产合计	13	1722927.67	1478206.00	其他流动负债	44		
非流动资产：	14			流动负债合计	45	947486.00	908406.00
可供出售金融资产	15			非流动负债：	46		
持有至到期投资	16			长期借款	47	315000.00	315000.00
长期应收款	17			应付债券	48		
长期股权投资	18			长期应付款	49		
投资性房地产	19			专项应付款	50		
固定资产	20	625872.34	490500.00	预计负债	51		
在建工程	21	11458.33		递延所得税负债	52		
工程物资	22			其他非流动负债	53		
固定资产清理	23			非流动负债合计	54	315000.00	315000.00

数据　◀ ◀ ▶ ▶ 第1页　◀

计算完毕!

图 5 - 2 - 8　报表生成窗口

MESS "未分配利润项目期末余额不等于前期未分配利润与本期实现的利润之和!"

5. 资产负债表输出

资产负债表除了通常保存为以 . rep 为扩展名的报表系统格式文件，以便查阅、打印等输出外，还可以保存为 Excel 电子表格文档，以供财务分析之用，可以延伸报表系统的财务管理功能，方便灵活。在数据状态下执行【文件】|【另存为】命令，在【另存为】对话框中选择保存类型为【MS Excel 文件(＊.xls)】，即可将资产负债表保存为 xls 文档。

四、任务练习

1. 资产负债表格式设置

对模板所给资产负债表式样作如下调整，使资产负债表格式与内容符合会计制度的规定。

① 报表名称"资产负债表"、报表种类"会企 01 表"和金额单位"单位：元"等文字的字体及位置。

② 调整关键字"单位名称""年""月""日"的偏移量。

③ 资产、负债、所有者权益各项目名称、所处行号及缩进量。

2. 资产负债表公式设置

仔细阅读余额表，编制南京钟山机械设备有限公司资产负债表负债及所有者权益项目的单元公式。

3. 打印输出资产负债表

接通打印机,在资产负债表窗口"数据"状态下单击【打印】命令按钮或【文件】|【打印】命令,在"打印设置"对话框中选择 A4 打印纸,并将打印方向设为"横向",打印公司 1 月份资产负债表。

参 考 文 献

［1］ 王新玲. 财务业务一体化实战演练[M]. 北京:清华大学出版社,2013.
［2］ 王新玲,汪刚,赵婷. 会计信息系统实验教程[M]. 北京:清华大学出版社,2013.
［3］ 王珠强. 会计电算化与 ERP 应用[M]. 北京:人民邮电出版社,2013.
［4］ 夏秀娟. 会计电算化技能训练教程[M]. 北京:电子工业出版社,2012.
［5］ 孙莲香. 财务软件实用教程[M]. 北京:清华大学出版社,2012.
［6］ 财政部会计资格评价中心. 初级会计实务[M]. 北京:中国财政经济出版社,2014.
［7］ 财政部会计资格评价中心. 中级会计实务[M]. 北京:中国财政经济出版社,2014.
［8］ 企业会计准则编审委员会. 企业会计准则案例讲解[M]. 上海:立信会计出版社,2014.